Angelina Kowalczyk

„Auf herrschaftlichen Wegen gewandelt 4"

Impressum

2024 Angelina Kowalczyk
1. Auflage

ISBN: 978-3-7597-0483-2

Fotos: Angelina Kowalczyk
Verlag: BoD · Books on Demand GmbH, In de Tarpen 42, 22848 Norderstedt
Druck: Libri Plureos GmbH, Friedensallee 273, 22763 Hamburg

www.Angela-Kowalczyk-Verlag.de

Inhalt

Vorwort

Und wieder geht es los historische Orte kennen zu lernen, diese zu besuchen und ihren Reiz auf mich wirken zu lassen. Auch wenn es dort nicht immer nur gute und schöne Energien zu erleben gilt. Aber auch Orte mit negativer Geschichte gebührt eine Erwähnung ebendieser Geschehnisse. Ein Verschweigen ist nicht mein Ansatz, auch wenn es manchen Menschen leichter von der Hand geht.

Man kann sie deutlich spüren, die Unterschiede die sich bis heute erhalten haben.

Aber in der Regel sind es schöne, entspannende Eindrücke. Einige Gedanken und Gefühle verfolgen mich bis nach Hause, oder sogar in meine Träume.

Ich habe es seit meiner Kindheit gelernt die Schönheit von Kunst oder Gebäuden zu sehen und ich suche zeitweise danach, da mich die heutige Zeit eher mit Stress und Kraftanstrengung zum nachdenken regt. Immer wieder ertappe ich mich dabei, das ich die immer weiter schreitende Digitalisierung ablehne und nicht als Segen für die Menschheit betrachte. Die Menschen rennen einander um, nur mit dem Blick aufs Smartphone gerichtet.

Ich kann soetwas nicht verstehen, wahrscheinlich weil ich noch aus einer anderen Zeit stamme. Ich nutze einige Errungenschaften, aber ich lasse mich nicht benutzen und ständig für diese Medien da sein. Tagsüber stelle ich mein Handy leise, man kann mir ja eine Nachricht auf dem Festnetz hinterlassen. Das reicht vollkommen aus.

Ich möchte mit allen Sinnen genießen können, achte auf meine Eingebungen. Alles andere ist mir eindeutig zu viel.

Lassen Sie uns wieder gemeinsam auf einige Touren gehen, die mich begeistert haben. Besuchen Sie den einen oder anderen Ort selbst, öffnen Sie sich für eigene Eindrücke.

Ich wünsche Ihnen dabei viel Spass und viele Erkenntnisse.

Ihre Angelina Kowalczyk alias „Angelina Augusta Leopoldine Gräfin von Kowal"

Die Alte Börse in Leipzig

Erbaut wurde sie in der Zeit von 1678 bis 1687 als Messetreffpunkt der Kauflaute. Sie war das erste Gebäude des Barock in Leipzig.

1943 schwer im Krieg zerstört, wurde sie erst 1963 bis 1965 wieder aufgebaut. Ihre Fassade entstand neu.

Heute gehört das ansehnliche Gebäude mit zum Stadtgeschichtlichen Museum Leipzig.

Bei meinem Besuch im Juli 2022 war ich sehr von diesem Bau angetan. Mit dem „Johann Wolfgang von Goethe" Standbild davor, bildet es eine harmonische Einheit.

Blick zur Alten Börse

Das Königshaus In Leipzig

An der südlichen Seite des alten Marktplatzes entstanden in der Mitte des 15. Jahrhunderts die jeweiligen Vorgängerbauten, die im Besitz vermögender Leipziger Händler waren. 1507 wurde das Gebäude neu errichtet von seinem damaligen Besitzer Dietrich Monia. Ab 1639 war das Haus unter dem Namen „Helffrisches Haus" bekannt. Es bekam seinen Namen durch den Ehemann der damaligen Besitzerin Paul Helffrich.

1664 kaufte der Mediziner und Universitätsrektor Gottfried Welsch das Gebäude, behielt es aber nicht lange. In dieser Zeit setzte sich der Name „Welschisches Haus" durch. 1704 kaufte es ein Herr Apel. 1706/07 wurde das Gebäude barock umgebaut und ein Erker aufs Dach gesetzt. Bereits 1718 verstarb der Besitzer Apel. Das Gebäude ging danach über mehrere Generationen an die Leipziger Familie Thomae.

Eine besondere Bekanntheit erfuhr das Gebäude als Gästehaus der Stadt Leipzig. Hier logierten hochrangige Gäste. Der 1. Stock wurde durch die Stadt angemietet. Bekannte Namen logierten hier. 1692 fand sogar die Hochzeit von Kurfürst Johann Georg IV. und Eleonore von Ansbacher-Brandenburg dort statt. Regelmäßig logierte August der Starke bei seinen Messebesuchen dort, feierte mehrfach seinen Geburtstag im Königshaus. Auch Friedrich der Große verweilte während des Siebenjährigen Krieges zweimal dort.

1809, im Vorfeld der Befreiungskriege, logierte Jeróme Bonaparte, der Bruder des französischen Kaisers Napoleon im Königshaus. 1813 floh der Kaiser Bonaparte von dort. Das Gebäude wurde bald zum Hauptquartier des verbündeten Generalgouverneurs von Sachsen, dem russischen Fürsten Repnin-Wolkonski. 1820 verstarb Karl Philipp Fürst zu Schwarzenberg, während eines Besuches dort im Gebäude. 1827 verstarb die Ehefrau des sächsichen Königs Anton dort. Danach endete die Nutzung als Gästehaus.

1904 wurde das Gebäude in ein Geschäftshaus umgebaut, ab 1907 wurde es zum Sitz des Exportvereins des Königreiches Sachsen. 1906 bis 1913 gab es das Kino „American Theater" im historischen Gebäude. 1915/16 wurde es umgebaut. Seiten und Hintergebäude wurden abgerissen, es wurde zum Messehaus.

Blick zum ehemaligen Königshaus über den Rathausplatz

Heute ist das Gebäude ein Geschäfts- und Bürogebäude, was seine barocke Fassade zurück erhalten hat, mit einer modernen Passage. Eine Hinweistafel erinnert an seine frühere Nutzung und seine illustren Gäste.

Das einstige Kaufhaus Ebert in Leipzig

Auch wenn dieses Gebäude kein Adelspalais war, so möchte ich es dennoch gerne hier erwähnen. Leipzig war schon früh als Messestadt bekannt.

1902 bis 1904 wurde das Gebäude auf dem Gebiet des Leipziger Amtshauses, unweit der Thomaskirche erbaut. Es entstand als Geschäftshaus mit einem sehr reichhaltigen Goldschmuck an der Fassade. Zum großen Teil im Stil des Jugendstils errichtet, enthält es aber auch Elemente des Neobarock. Es wurde als Kaufhaus für hochwertige Damenmode erbaut,

1930 bis 1940 war es eines der Indanthien Häuser der IG Farben. Im Krieg wurden Teile des Fassadenschmucks als Metallspende abgenommen. 1949 wurde das prunkvolle Gebäude zum Konsum Leipzig und eröffnete später als Kaufhaus Fortschritt.

1984 bis 1990 war der imposante Bau Herberge des Modehauses Topas. Seit 1990 befindet sich eine Bankfiliale der Commerzbank im Gebäude. 1995 – 1996 wurde es aufwendig saniert, die entfernten Metalle wurden wieder angebracht und vergoldet.

Heute leuchten die goldenen Schmuckelemente weit und machen neugierig sich das Gebäude anzusehen.

Fassadenschmuck am Gebäude

Blick zum ehem. Kaufhaus und seinem Giebel

Das Romanushaus in Leipzig

An der Ecke Katharinenstraße und Brühl findet sich noch heute ein prächtiges barockes Palais. 1701 bis 1703 wurde es für den Bürgermeister Franz Conrad Romanus erbaut. Er sorgte mit dem Bau für einigen Fortschritt, es entstand eine Kanalisation, Straßenbeleuchtung u.a.. 1705 wurde er allerdings verhaftet wegen gefälschter Ratsscheine und Unterschlagung. Er kam auf die Festung Königsstein, wo er auch verstarb. Das Haus fiel in einem Konkursverfahren an seine Frau Christiane Maria. 1730 richtete die Tochter hier den ersten litarisch-musikalischen Salon in Deutschland ein.

1770 erwarb der Weinhändler Richter das Gebäude und betrieb dort im 2. Obergeschoss ein Café in der Zeit von 1772 bis 1794. Im Jahr 1785 verkehrte dort Schiller bei seinem Aufenthalt.

Blick zum sanierten Romanushaus

Die Ecke des barocken Gebäudes

1995 wurde das Gebäude saniert und strahlt einem weit entgegen. Mich zog es magisch dort hin. Gerne hätte ich es mir auch innen angesehen, was leider nicht ging. Gegenüber befindet sich ein Café in dem modernen Gebäude. Ich setzte mich dort hinein und konnte bei einem Tee und echt gutem Erdbeerkuchen die Ansicht auf die Fassade des barocken Baus genießen.

Ja, ich habe mich reineweg in diesen Bau verliebt und bin öfter an ihm vorbei spaziert. Alle seine Stuckaturen, die frische Farbe und die Energien dort zogen mich immer wieder dort hin.

Aber nur wenige Meter weiter in die Katharinenstraße hinein, erregte ein weiteres Gebäude sofort meine Aufmerksamkeit. Es befindet sich noch in unsaniertem Zustand, aber ich kann mir lebhaft seine verblasste Schönheit vorstellen. Auch dort endete leider meine Neugier am Bretterzaun der Baufirma. Durch einen kleinen Spalt im Zaun blickte ich auf den Hof und war von der Größe überrascht.

Ich wünsche mir sehr, das man es auch bald aus seinem Schlaf erweckt und es eine angemessene Nutzung erfährt. Vielleicht kann ich es mir ja später einmal näher ansehen. Leider konnte ich keine historischen Daten dazu finden.

Palais in der Katharinenstraße

Das Gohliser Schlösschen in Leipzig

Nur wenige Kilometer vom Leipziger Hauptbahnhof entfernt, befindet sich im Umfeld des heutigen Tierparks das sogenannte Gohliser Schlösschen. Erbaut wurde es für den Kaufmann und Ratsbaumeister Caspar Richter. Das war etwas Besonderes. Ließen sich sonst nur reiche Adlige herrschaftliche Refugien errichten.
Caspar Richter gehörte zum reichen Leipziger Bürgertum.

Ein Baubeginn wurde auf 1755 datiert. Dann kam es bald zu einem Rechtsstreit mit einem Nachbarn, wegen angeblicher Überschreitung der Grundstücksgrenzen. Dennoch schritt der Bau rasch voran, denn 1756 soll es in Teilen bereits fertiggestellt worden sein. Ein Schlossturm und eine Glocke folgten 1758. Auf ein besonders repräsentatives Treppenhaus , wie in zeitgleichen Adelspalais so üblich, wurde verzichtet. Zutritt bekam man durch das Vestibül und gelangte von dort in einen ovalen-runden Salon, ein Gesellschaftszimmer.

Inmitten des Siebenjährigen Krieges, ungefähr um 1756, ruhten die Bautätigkeiten für eine Zeit. Daher fehlen wohl die typischen Rokokoelemente innen. Der Eigentümer überstand diese Zeit wohl nicht unbeschadet. Er verstarb 1770. Nur ein Jahr später, 1771, heiratete die Witwe den Universitätsprofessor für Geschichte, Johann Gottlob Böhme, der zudem Kursächsischer Hofrat und Hofhistoriograph war. Jetzt wurde der Innenausbau fortgesetzt und im selben Jahr vollendet. Eine Gartenanlage wurde geplant und rasch beendet. Ob dem Paar ein gutes Leben beschieden war, oder ob man sich aus reinem wirtschaftlichen Interesse zusammentat, bleibt heute eine Spekulation. Johann Gottlob Böhme verstarb im Alter von 64 Jahren. Die Schwester von ihm erbte das Anwesen.

Ein Johann Hieronymus Hetzer übernahm das Schlösschen, ließ aber alles so wie es war. 1788 verstarb er und hinterließ seiner Gemahlin Johanna Concordia den Besitz. Nach ihrem Ableben gingen das Gut, was es zu dieser Zeit gab, und das Schloss an den Rat der Stadt Leipzig. Dieser Rat der Stadt verpachtete das Anwesen an einen Christian Gottlob Frenzel bis 1819.

Während des Napoleonischen Krieges zogen bedeutende Persönlichkeiten ein, u. a. 1813 der französische Marschall Davoust, dann ein General von Wittgenstein, und der russische General Baron Winzingerode.

Blick zum Gohliser Schlösschen vom Eingang Straßenseite

In der Zeit vom 16.-19. Oktober 1813, in der Völkerschlacht bei Leipzig, wurde das Schlösschen nicht geschont. Es wurde zum Militärspital, was so seine Spuren hinterlassen sollte. Der Besitz war wenig lukrativ, daher entschloss sich die Stadt 1831 zum Verkauf. Man inserierte es auch als Vermietung eines Sommersitzes, aber das blieb ohne Erfolg.

1832 klappte es endlich und der Halberstädter Domherr Carl Wilhelm Rudolf von Alvensleben kaufte das Anwesen und nutzte das Schlösschen als ständigen Wohnsitz. Leider war ihm dort nicht viel Zeit vergönnt, da er bereits 1847 verstarb. Sein Sohn Johann Ludwig Gebhard von Alvensleben wurde neuer Herr auf dem Anwesen. Dort blieb er einige Jahre, entschied sich dann 1863 zum Verkauf.

Der Haupteingang des Schlösschens, er liegt auf der anderen Seite.

1864 kaufte es der Leipziger Kaufmann Christoph Georg Conrad Nitzsche, welcher ebenfalls nach kurzer Zeit, 1867, verstarb. Nun verwaltete seine Witwe das Anwesen bis zu ihrem Tod und wohnte dort. Sie hatten 6 Kinder, auf welche später das Erbe überging. Diese Erbengemeinschaft vermietete das Schloss als Wohnung an den Konsul Sperling. Er bewohnte es bis 1932.

1900 hatte Carl Georg Nitzsche alle Erbteile seiner Geschwister aufgekauft und war nun alleiniger Besitzer, bewohnte es aber nie selbst. Es wurden die Ställe und Scheunen des einstigen Gutsbereichs abgerissen. 1906 kaufte die Stadt Leipzig das Anwesen. Auf den einstigen Schlosswiesen im Umfeld waren vornehme Villen entstanden.

Das Schlösschen verfiel, seine Erhaltung hatte man wohl vergessen oder hoffte so an das Bauland zu kommen. Nachdem letzte Mieter ausgezogen waren, plante man die Einrichtung eines Forschungsinstitutes.

1934 wurde es zum „Haus der Kultur" und wurde endlich etwas saniert. Im Kriegsverlauf wurde es durch Bomben stark zerstört, auch der Garten und der Seitenflügel. Das imposante Deckengemälde im sog. Oesersaal war ebenfalls betroffen. (Welches heute wieder im neuen Glanz erstanden ist!)

Von 1951 bis 1985 war das Bach-Archiv im Schlösschen untergebracht, was damit den weiteren Zerfall etwas stoppte.

Erst nach der politischen Wende 1989 erinnerte man sich wohl an das Schlösschen. 1991 begann eine umfassende Sanierung. 1998 wurde das Anwesen für Besucher eröffnet.

Heute kann man die Räume bei einer Führung besichtigen. Viel ist wieder erstanden, die Fassade lockt auf das Areal. Ein kleiner Park lädt zum Verweilen ein. Im Schlösschen finden Konzerte und Veranstaltungen, sowie Ausstellungen statt. Es steht auch für Hochzeiten zur Verfügung. Das kleine Café im Erdgeschoss lädt zu einer Rast ein.

Ich besuchte das Schlösschen 2022 und war freudig überrascht. Bevor ich ging, gönnte ich mir einen Tee und ein Stück Kuchen im Park und genoss diese Anlage sehr. Gerne komme ich wieder. Vielleicht zu einem eigenen kleinen Programm?

Wer die Bilder betrachtet, wird sich wundern über die unterschiedlichen Stockwerke. Das Gebäude wurde an einem Hügel gebaut. Daher findet man von der „Rückseite" an der Straße drei Etagen vor und von der anderen Seite nur zwei.

Ein wunderbares Objekt, was man unbedingt besuchen sollte!

Die Adlon Villa in Neu Fahrland bei Potsdam

In den Jahren 1926/27 ließ Louis Adlon, Sohn des bekannten Hoteliers Lorenz Adlon, auf einem geerbten Grundstück seiner zweiten Frau Hedda, eine Villa errichten. Es entstand ein Bau im Stil des Neobarock und der Kaiserzeit, der sich in den freien Charme der 20 er Jahre wandelte. Auf dem Grundstück am Lehnitzsee wurden ein Haupthaus mit Bootshaus und Kavaliershaus errichtet. Die Familie Adlon empfing dort seine Gäste, lud zur Jagd ins waldige Umland. 1931 hielt sich dort der Maharadscha von Patiala als Gast auf. Die Villa, früher ländlicher gelegen als heute, diente als Rückzugsort für Adlon neben seiner Tätigkeit im bekannten Hotel Adlon in Berlin.

1945 brannte das Hotel Adlon aus, siehe Hotel Adlon. Louis Adlon wurde nach der Kapitulation von russischem Militär verschleppt und kam dabei ums Leben. Nach seinem Tod wurde die Villa als Unterkunft für russische Marineangehörige genutzt zur Zeit der nahen Potsdamer Konferenz. Die Villa wurde enteignet und zur Kinderklinik umfunktioniert. Später wurde sie zur Schule für „DDR-Zivilverteidigung".

Nach 1989 wurde die Villa von der Landesakademie für öffentliche Verwaltung von Brandenburg bis 2008 genutzt.

Der Besitz wurde an die Adlon Erben zurück gegeben. 2011 wurde sie verkauft. Heute soll sie sich in Privatbesitz befinden, welche es als Gästehaus am Lehnitzsee nutzen.

Bei meinem kurzen Besuch im September 2022 war die Villa leider verschlossen. Ich sah sie mir über den Zaun an. Ich versuchte einen Blick von einer nahen Brücke auf sie zu werfen, was leider durch den Pflanzenwuchs verhindert wurde. Vielleicht ergibt sich ja später einmal ein längerer Besuch?

Blick von außen auf Villa und Nebengebäude

Haupthaus Villa Adlon

Die Schwartzsche Villa in Steglitz

1895 beauftragte der Bankier Carl Schwartz a. D. den Bau der Villa. Zur Taufe des ersten Enkels wurde diese am 16. Februar 1898 eingeweiht. Bis zum Tod des ehem. Bankiers 1915 diente die Villa der Familie als Sommersitz. Nach dem Tod des Vaters wohnten zwei Töchter mit ihren Familien im Haus bis zum Ende des 2. Weltkrieges. Bei einem Luftangriff starb Gabriele Schwartz als letztes lebendes Familienmitglied. Danach stand das Haus leer.

Nach dem Krieg wurden Teile des Hauses von der Wadzeck Anstalt, einem Waisenhaus, genutzt bis 1947. Die Verkehrsdichte hatte sich verändert und aus der einstmals ruhigen Gegend war eine verkehrsreiche Gegend geworden. 1961 kaufte das Land Berlin das Gebäude mit dem Grundstück von den Nachkommen. Es sollte ein Erweiterungsbau des Rathauses dort entstehen, der Abriss der Villa konnte aber verhindert werden.

Eine Zeit lang lebten Studenten in WG´s in der Villa. 1981 setzte sich die Kulturinitiative „Lankwitz" für die Villa als Kulturzentrum ein, machte auf ihre Ideen vielfältig aufmerksam. 1983 wurde die Villa unter Denkmalschutz gestellt. Ein Trägerverein „Kulturhaus Schwartzsche Villa" gründete sich. 1995 konnte das Kulturhaus eröffnen.

Bei gutem Wetter kann man auf der Terrasse oder unten auf der Freifläche vor der Villa das Café besuchen. Ich mag es sehr, auf der Veranda zu sitzen und in die Reste des einstigen Parks zu sehen. Im Café arbeiten Menschen mit Behinderungen zu fairen Bedingungen.

Gerne gehe ich einmal um die Villa herum. Heute steht sie unweit der Straße und moderner Passagen. Sie ist eine kleine Ruhe Oase aus einer längst vergangenen Zeit. Besuchen Sie sie einfach und spannen einige Momente aus.

Blick zur Villa vom Platz davor

Das frühere Palais Brühl an der Auguststraße in Dresden

1737 bis 1740 wurde ein dreigeschossiges Gebäude für den Grafen Heinrich von Brühl errichtet. Es besaß eine Gartenfront zur Brühlschen Terasse. Es muss ein prachtvolles Palais mit Festsaal gewesen sein, deren Bau sieben Wohnhäuser in der Auguststraße und weitere An den Klapperställen weichen mussten. 1792 übernahm das Kurfürstentum Sachsen das Palais. 1850 bis 1851 fanden die Dresdner Konferenzen im ehemaligen Brühlschen Palais statt. 1900 war sein Ende besiegelt, man trug es ab und erbaute an gleicher Stelle das Ständehaus. Einige Einrichtungsteile des Brühlschen Palais sollen wohl im Ständehaus aufgestellt worden sein. Das kann ich nicht bestätigen, da ich es nie betreten habe. Der Festsaal wurde original in die Kunstgewerbeakademie in der Günzstr. eingebaut, wo alles 1945 zerstört wurde.

Das frühere Fürstenbergsche Haus in Dresden

Es wurde im 16. Jahrhunderterbaut als Wohnpalais und befand sich am Georgentor und gegenüber der katholischen Hofkirche. Der Kurfürst Johann Georg IV. (Bruder und Vorgänger von Kurfürst August dem Starken)erwarb es von seinem damaligen Besitzer Hans Kasper von Schönberg, baute es um. Danach schenkte er es Magdalena Sibilla von Neitschütz, seiner damaligen Geliebten. Sie wurde zu seiner Mätresse. Es soll zu der Zeit einen hölzernen Verbindungsgang zum Georgenbau gegeben haben.

Im 18. Jahrhundert gehörte das Gebäude dem Fürsten Anton von Fürstenberg, dem Statthalter von Sachsen. Der neue Kurfürst August hatte es ihm überlassen. 1701 lebte Johann Friedrich Böttger in diesem Haus, im Keller befand sich ein Laboratorium. (Böttger entdeckte später das Porzellan) 1734 schenkte der Kurfürst dem Grafen Aleksander Jozef Sulkowski das Haus, nachdem er es durch Todesfälle zurück erhalten hatte. 1759 ging es in den Besitz des Grafen Heinrich von Brühl über. 1768 zog die Akademie der Bildenden Künste ins Palais, Renaisanncegiebel wurden entfernt und die Fassade zeitgemäßer gestaltet. Nach dem Auszug der Kunstakademie, wurde das Haus zum Sitz des Geheimen Finanzkollegiums. Ab 1838 wurde es zum Finanzministerium, das benachbarte Charonsche Haus wurde mit einbezogen. 1899 wurde das Palais, mit dem Brühlschen Palais für den Neubau des Ständehauses abgerissen!

Das Ständehaus in Dresden

Für seinen Bau 1901 bis 1907 wurden das Brühlsche Palais, das Fürstenbergsche Haus und das Charonsche Haus abgerissen und beseitigt. Wer es heute sieht, hält es eindeutig für älter. Es befindet sich genau neben der Treppe zur Brühlschen Terasse und diente dem Sitz des Sächsichen Landtags. Seine letzte Sitzung fand dort 1933 statt. Danach bezog der Gauleiter Martin Mutschmann das Gebäude als Reichsstatthalter Sachsens. 1945 wurde es bei den Luftangriffen sehr stark beschädigt.

In den 50er Jahren wurde es erstmal provisorisch aufgebaut und erste Museen zogen ein. Diese verblieben in etwa bis zur politischen Wende 1989 dort.

1996 bis 2001 gab es einen ausführlichen Umbau. Das Gebäude wird heute als Oberlandesgericht Dresden genutzt, beheimatet aber auch das Landesamt für Denkmalpflege. Es fügt sich gut in sein Umfeld ein, nie wäre ich auf die Idee gekommen das es erst um 1900 erbaut worden ist. Dennoch finde ich es schade, das die einstigen Palais weichen mussten.

Die Sekundogenitur in Dresden

Das anziehende Gebäude befindet sich genau auf der Brühlschen Terasse, neben dem Ständehaus und der Kunstakademie. Erbaut wurde es 1897 im Stil des Neobarock, wirkt aber älter. Flaniert man über die Brühlsche Terasse, kommt man genau am Gebäude vorbei.

Vor seinem Bau befand sich dort die Brühlsche Bibliothek, des Staatsministers Heinrich von Brühl. Eine mehr als umfassende Sammlung, unweit seines Palais. 1895 wurde das alte Gebäude abgerissen und es entstand die Sekundogenitur. In diese zog erneut eine Bibliothek und Kupferstichsammlung des Prinzen Georg ein, welche sich in Privatbesitz befand. Ab 1918 wurde das Gebäude für Sonderausstellungen der Kunstakademie genutzt. 1931 wurden die Sammlungen des Prinzen ausgelagert, es wurde bis 1945 zum Ausstellungsgebäude der Galerie Neue Meister. Bei den Luftangriffen 1945 brannte das Gebäude völlig aus.

Lange Jahre blieb die Ruine erhalten, erst 1963 und 1964 baute man das Gebäude wieder auf. Einstmals als freistehendes Gebäude, wurde sie nun mit einer Brücke zur Terrassengasse verbunden.

Heute befindet sich dort das Hilton Hotel im Rücken, welches in dem kleinen repräsentativen Gebäude ein schönes Café betreibt. Die Räume sind historisch gestaltet und ich ruhe mich dort gerne in schöner Atmosphäre von meinen Spaziergängen aus.

Ich stehe an der Seite der Sekundogenitur

Blick auf die Sekundogenitur

Das Palais Beichlingen oder British Hotel in Dresden

Zwischen 1712 und 1715 wurde das Gebäude errichtet für den Großkanzler und Ober-hofmarschall Wolf Dietrich von Beichlingen. Dieser war erst 1709 aus der Haft auf der Festung Königsstein entlassen worden.

Beichlingen war ein enger Vertrauter von Kurfürst Friedrich August I. Durch Betrei-ben des Jakob Heinrich Graf von Flemming und zweier seiner Günstlinge fiel Beich-ling beim Kurfürsten in Ungnade. Unter dem Vorwurf der Veruntreuung und ver-räterischer Umtriebe wurde er auf der Festung Königsstein inhaftiert. So auch seine damalige Geliebte Luise von Rechenberg. Für sie setzte sich die Gräfin Cosel ein und 1707 wurde diese entlassen.

Ebenfalls 1707 plante Beich-lingen einen Fluchtversuch vom Königsstein, wurde aber von Johann Friedrich Böttger (der später das Porzellan er-fand) verraten. 1709 kamen Beichling und seine Kamera-den frei, erhielten auch jährli-che Pensionen und ihre einsti-gen Güter zurück. Da er Luise von Rechenberg die Schuld für die Festungshaft gab, verach-tete er sie danach. Sie zog sich enttäuscht und verbittert zu-rück und starb nach schwerer Krankheit. Beichling hatte sich sehr verändert!

Blick auf das ehem. Palais Beichling

Er ließ sich das Haus erbauen, welches wenige Jahre später geteilt wurde in Hotel de Saxe und British Hotel. 1752 kaufte Rahel Luise Gräfin von Hoym, geborene Gräfin von Werthern das Haus. Ihr Familenwappen und das ihrer Kinder wurde angebracht. Im Siebenjährigen Krieg wurden die Gebäude stark beschädigt, aber bald wieder aufgebaut.

Seit Anfang 19. Jahrhundert diente ein Teil des Hauses als Hotel, in welchem vermehrt britische Gäste untergebracht wurden.

Nach dem 1. Weltkrieg wurde es zum Wohnhaus. Im Februar 1945 wurden beide Gebäudeteile sehr stark beschädigt.

2008-2010 baute die Hapimag AG das British Hotel als Ferienwohnanlage wieder auf.

Das Palais Flemming-Sulkowki (Dresden)

Es wurde 1704 für den Oberhofmarschall August Ferdinand Pflug erbaut. Vorher gab es dort ein Bürgerhaus, das dem Neubau weichen musste.

1714 kaufte der Generalfeldmarschall Jacob Heinrich von Flemming das Palais, es wurde umgebaut und bekam ein prächtiges Treppenhaus. 1717 gab Sebastian Bach ein Konzert in diesem Palais. 1724 kam das Anwesen in kurfürstlichen Besitz. 1726 kaufte es Flemming erneut. 1728 kaufte es der Kurfürst August erneut und schenkte es August von Wackerbath. 1736, nach dem Tod von Wackerbarth, wurde Alexander Joseph von Sulkowski neuer Eigentümer. Dieser ließ es umbauen und erweitern. 1746 erwarb es erneut der kurfürstliche Hof und ließ es bis 1747 zum Wohnsitz für den sächsischen Prinzen umbauen.

1760, durch den Siebenjährigen Krieg stark beschädigt, wurde es abgerissen und an seiner Stelle das Landhaus (1770) erbaut.

Das Landhaus in Dresden – heutiges Stadtmuseum

1770 bis 1776 wurde es an der Stelle des früheren Palais Flemming-Sulkowski errichtet als repräsentatives Versammlungshaus. 1775 zog das Obersteuerkollegium ins Gebäude, es tagten die sächsischen Landstände im Haus. Man nutzte es ferner für Verwaltungsaufgaben.

Heute befindet sich das Stadtmuseum auf mehreren Etagen, neben der städtischen Galerie. Noch heute fasziniert die weiße Treppenanlage.

Ich besuchte das Haus in den Weihnachtstagen 2022. Die Treppe war mit Weihnachtsbäumen geschmückt. Das Treppenhaus war für mich der schönste Teil des Gebäudes! Schade das ich diese Fotos aus rechtlichen Gründen hier nicht verwenden darf. Also, wenn Sie in der Nähe sind, werfen Sie einen Blick hinein. Es lohnt sich.

Straßenblick zum Landhaus

Im 2. Weltkrieg wurde auch dieses Gebäude im Inneren vollständig zerstört und blieb lange nur als Fassade erhalten.

Beim Wiederaufbau 1962 – 1965 ging ein Seitenflügel verloren. 1966 zog das Stadtmuseum ein.

2005 – 2006 wurde das Gebäude umfassend saniert, es entstand eine umstrittene Rettungstreppe an der Gebäudeseite, welche den historischen Stil etwas zerstörte.

Zur Zeit wird in der Straße am einstigen Palais Hoym gebaut – oder wieder aufgebaut.

Der Herzogin Garten (Dresden)

Diese einstige Gartenanlage lag nach dem Endes des 2. Weltkrieges bis tief in die 2010 er Jahre brach. Sehr lange fand man dort nur die Reste eines Orangeriegebäudes und eine Brache vor.

1535 kaufte der spätere Kurfürst Moritz von Sachsen den „Baumgarten zu Klein-Ostra", in dessen Nähe sich das Vorwerk Klein Ostra befand. 1550 wurde dieses zur Versorgung des Schlossbezirkes gekauft. Sein Bruder, der spätere Kurfürst August, ließ es weiter ausbauen und vergrößern. 1591 erbaute Kurfürst Christian I. im Umfeld einen Lustgarten für seine Frau Sophie, der Herzgin von Sachsen, daher der Name. Es entstand ein Pomeranzenhaus, später wurde die Orangerie aus dem Zwinger in diesen Garten verlegt.

Um 1806 gab es in etwa 4300 Pflanzenarten im Garten.

Im 19. Jahrhundert wurden in Gewächshäusern höfische Zierpflanzen angebaut und gezogen.

1841 entstand ein Neorennaisance Orangeriegebäude, in welchem die Zierbäume des Zwingers überwintern konnten.
Der Platz wurde immer weiter eingeschränkt durch neue Bauten im Umfeld.

Blick auf die noch zerstörte Orangerie 2015

Blick auf die neu erstandene Orangerie

1945 wurden auch der Garten und das Orangeriegebäude von den Luftangriffen zerstört, danach verwahrloste das Gelände.

Noch 2015 war das Gelände eine verfallene Brache. Nur eine Wandfront der Orangerie blieb stehen und war dem weiteren Verfall ausgesetzt. Erst nach 2015 begann dort ein Aufräumen und Instandsetzen, man wurde auf das Gelände aufmerksam. 2017 war ein neuer Rohbau der Orangerie fertig,

Heute findet man einen kleinen Garten neben dem wiedererstandenen Bau der Orangerie vor.

Türblick in den kleinen Garten davor

Das Palais Teschen, Brühl, Marcolini – das heutige Krankenhaus in Dresden

Schon sehr früh gab es an dieser Stelle einen herrschaftlichen Garten. 1718 kaufte ihn der Reichsgraf von Manteuffel. 1726 kaufte der Kurfürst August der Starke das Grundstück und schenkte es 1727 dem Herzog von Württemberg. Seine Gattin, die Gräfin Ursula Katharina Lubomirska, war eine der Mätressen des Kurfürsten. 1727/28 wurde dort ein Gartenpalais mit rechteckiger Gartenhalle und Festsaal erbaut. An der späteren Friedrichstraße entstanden kurze Querflügel. Der Bau wurde zum Sommerpalais der Gräfin Ursula Katharina zu Württemberg, geschiedene Gräfin Lubomirska, Reichsfürstin von Teschen.

Ca. 1735 – 1736 verkaufte die Gräfin das Anwesen an den Grafen Heinrich von Brühl. Dieser ließ das Palais erweitern, Seitenflügel entstanden zu beiden Seiten. Der Garten wurde durch die Anlage des Neptunbrunnens, der ab 1741 erbaut wurde, fast vollendet. 1744 wurde der Brunnen vollendet. Bereits ab 1774 wurde das Palais erneut umgebaut für seinen neusten Besitzer, Graf Camillo Marcolini. Ca. 1780 entstanden das „Chinesische und pompeyanische Zimmer", das Palais wurde aufgestockt und weiter erweitert.

1813 wohnte der Kaiser Nepoleon in den chinesichen und pompejischen Zimmern und empfing dort den Außenminister von Österreich, Graf von Metternich. Ab 1835 ließ der Besitzer, Stadtrat Carl Ernst Werner, Mietwohnungen im Palais einrichten. Zu seinen Mietern zählte u. a. der Komponist Richard Wagner, der dort sein „Lohengrin" beendete. Zum Endes das Jahres 1845 kaufte die Stadtverwaltung das Anwesen und baute es zum Krankenhaus um. Seit 1849 befindet sich dort das Krankenhaus Dresden-Friedrichstadt. Leider gingen damit der Fränzösische Garten und die frühere Hauptachse verloren.

Ich besuchte im Dezember 2022 des historischen Ort und war bereits begeistert von den Fassaden in der Friedrichstraße. Ein freundlicher Pförtner wies mir den Weg zum Neptunbrunnen. Voller Ehrfurcht ging ich über das Gelände, besah mir das einstige kleine Palais in der Mitte und folgte der Sichtachse des kleinen erhaltenen Parks. Wie war der Ort bereits in dieser Zeit eine Augenweide. Wie schön muss es dort erst sein, wenn die Bäume grünen und Blumenrabatten zum Flanieren einladen?

Straßenblick auf den früheren Eingang zum Palais

Rückansicht des alten Palais

Blick zum Neptunbrunnen

In einem klassizistischen Gebäude, was so auch seinen Reiz hat, fand ich ein Café. Ich folgte dem Weg und kam genau auf den Neptunbrunnen zu. Einfach herrlich! Ich stand eine Weile davor und ließ dieses üppig gestaltete Werk einfach auf mich wirken. Mich „störten" etwas die Neubauten dahinter, welche einen Teil des Charmes blockierten. Lange konnte ich mich einfach nicht losreißen. Die Brunnenanlage ist eine der bemerkenswertesten die ich gesehen habe, und das waren schon einige. Immer wieder musste ich stehen bleiben und besah mir den Brunnen aus einer anderen Perspektive. Ich werde wohl im Sommer noch einmal hier her kommen müssen …

Langsam und entspannt folgte ich dem Weg durch den kleinen Park zurück und erfreute mich nocheinmal am Bau des früheren Palais. Ich folgte dem Weg durch das Entree des Palais und stand kurz darauf am kleinen Brunnen des einstigen Eingangs des Palais in der heutigen Friedrichstraße.

Hier fing also alles an.

Ich zog es vor zu laufen, auch wenn die Tram genau davor verkehrte und erfreute mich an den späteren Seitenbauten mit Plastiken.

Dieser Ort hatte es mir angetan, daher hier einige Fotos mehr.

Straßenansicht Teil des Palais

Straßenansicht auf heutiges Krankenhaus

Die Villa Arnim in Potsdam

Es ist eine klassizistische Villa, die in der Zeit von 1859/60 errichtet wurde.

Ferdinand von Arnim war der Baumeister des Königs, nach ihm ist die Villa benannt. Er lebte in dieser Villa mit einem privaten Garten, welcher früher genau an den Schlosspark von Sanssouci grenzte.

Die Villa ist saniert und kann als Veranstaltungsort gemietet werden, auch für Hochzeiten, Tagungen und Feste.

Blick auf die Villa von der Straße

Das Café Repin – das frühere Steuercontrollhaus in Potsdam

1888 wurde das imposante Gebäude errichtet und diente der Verwaltung der Steuern. Anfangs etwas prunkvoller geplant, wurden die Pläne aufgrund von Geldsorgen etwas einfacher ausgeführt. Aber schon bald reichte der Platz nicht mehr aus und das Gebäude wurde um einen Flügel verlängert.

Leider konnte ich keine weiteren Infos zur Geschichte des Hauses finden. Zu Beginn unseres Jahrhunderts gehörte das Gebäude der Stadt Potsdam. Es wurde vermietet, aber leider kam man mit der Erhaltung des Gebäudes nicht mehr so hinterher. Das Haus steht unter Denkmalschutz.

2007 wurde das Haus an seine heutigen Besitzer verkauft und danach aufwendig saniert. Im Erdgeschoss befindet sich heute das Cafe „Repin". Ein sehr gemütliches Café mit gutem Kuchenangebot. Leider war es in der letzten Zeit bei meinen Besuchen im-

mer geschlossen, ich denke aber das es spätestens im Frühjahr wieder seine Pforten öffnen wird.

Ich komme dann gerne wieder vorbei und hoffe auf eine kleine Ruhepause dort.

Blick auf die Villa mit dem Café Repin

Das Winzerhaus – eine Turmvilla am Winzerberg in Potsdam

Am oberen Hang des Winzerbergs befindet sich heute das Winzerhaus. Es ist eine Turmvilla im italienischen Stil 1849 entstanden. Davor gab es dort ein anderes Gebäude, welches dem Bau weichen musste. Über eine Freitreppe ist das Winzerhaus gut erreichbar, der Winzerberg bietet einen wunderbaren Blick auf die darunter liegende Stadt. Die Terassenanlagen entstanden wohl bereits mit der Erweiterung der Sanssouci Anlage 1763. 1790 und 1794 wurden Steinschwellen eingesetzt und erste Terassen erneuert. Mit dem Bau des Winzerhauses gestaltete der Landschaftsarchitekt Peter Joseph Lennè den Winzerberg um in Form eines toskanischen Weingartens.

Im 2. Weltkrieg entstand unterhalb des Berges eine Luftschutzanlage, durch den Reichsminister Albert Speer entworfen und durch Zwangsarbeiter erbaut, die aber nie ganz fertiggestellt wurde. Trotzdem fanden viele Potsdamer Einwohner dort Schutz. Nach dem Krieg wurden Stollen mit Trümmern des Umfeldes verfüllt, die russischen Besatzer versuchten diese zu sprengen, was nur einen Bereich verschüttete.

Danach verfielen die Terassengärten immer mehr. Ich kann mich noch gut an eine verfallene Anlage dort erinnern.

1996 wurde die Anlage begutachtet und Hohlstellen sicherheitstechnisch verfüllt. Ab 2004 bis 2017 wurde der Winzerberg restauriert. 2018 öffnete der private Förderverein „Bauverein Winzerberg" die Anlage und ist für deren Erhalt zuständig. Wieder konnte somit eine Anlage gerettet werden!

Das Winzerhaus diente lange Zeit als Wohnhaus für den königlichen Winzer. Im Erdgeschoss befindet sich eine Karyatidenhalle, nachempfunden Modellen an der römischen Via Appia. Im Obergeschoss besaß der König ein Teezimmer, wo er Künstler und Freunde empfing. Der eigentliche Bewohner der Villa besaß nur eine Stube mit Schlafkammer im Erdgeschoss und Küche. Westlich der Villa gab es einen Obst und Küchengarten mit Skulpturen.

Ich selbst war noch nie drinnen. Vielleicht ergibt sich ja einmal die Möglichkeit zu einem Besuch.

Blick zum Berg und Winzerhaus von der Straße aus

Das heutige Hotel Am Jägertor in Potsdam

Vis a vis des ältesten Stadttores in Potsdam befindet sich heute das Hotel „Am Jäger-tor". Benannt wurde es durch das Tor und einem in der Nähe befundenen Jägerhof, der heute nicht mehr vorhanden ist. Reste einer alten Stadtmauer fielen zum Ende des 19. Jahrhundert einem Bauboom zum Opfer.

Das Hotel wurde im spätklassizistischen Stil erbaut und befindet sich in Nachbarschaft mit anderen Villen aus der Zeit. Einst als Offiziers-Pflegeheim erbaut, wurde es zur kleinen Pension im 2. Weltkrieg.

Bis 1989 gehörte das Hotel zum VEB Reisebüro der DDR. Danach wurde es umgebaut und saniert. Ab 2000 wurde es als 4 Sterne Hotel wieder eröffnet.

Zu meinem Geburtstag 2023 gönnte ich mir dort einen Aufenthalt und wurde nicht enttäuscht. Gemütliche Zimmer mit Balkon und ein liebevoller Service brachten mir einen Wohlfühlmoment.

Blick über die Straße zum Hotel

Das Naturkundemuseum in Potsdam

Im früheren „Ständehaus der Zauche" befindet sich seit 2001 das Naturkundemuseum. Das Gebäude wurde 1770 erbaut. Leider wurde es im 2. Weltkrieg stark zerstört, deshalb haben sich keine historischen Elemente innerhalb des Gebäudes erhalten.

Von außen ist es saniert und zog mich magisch an. Ich besuchte es im Februar 2023 zum ersten Mal und fand es sehr gelungen. Von Kindern wird es sehr gut angenommen und keiner schimpft wenn mal ein Hirsch oder ein Eisbär gestreichelt wird. Freundliche Mitarbeiter dort verstehen es die Kinder anzulocken und ihre Interessen zu wecken.

Straßenblick zum heutigen Museum

Das Hofgärtnerhaus von Villa Sello über Villa Kache zum heutigen Institut für Biochemie und Biologie der Uni Potsdam

Um die wunderbaren gepflegten Parkanlagen kümmerten sich stets die Hofgärtner. Das waren meist Familien, die diesen Posten über mehrere Generationen inne hatten. Für sie wurden nahe Unterkünfte errichtet.

Das Hofgärtnerhaus an der Maulbeerallee wurde im Jahr 1841 für die Familie Sello als Wohnhaus errichtet. Es bekam daher den Namen „Villa Sello". Um 1910 wurde das gesamte Gebäude abgetragen und um etwa 120 Meter versetzt. Es folgten einige Umbauten. Aber es entstand auch ein neueres Gebäude. Als letzter Hofgärtner war Paul Kache tätig, daher bekam es in dieser Zeit den Namen „Villa Kache"

Ab 1950 diente das Gebäude als Dienstgebäude für die Forschung und Lehre der Hochschule.

Heute ist es saniert und strahlt einem frisch entgegen. Ein Garten direkt am Haus lädt zum Verweilen ein. Es liegt direkt an den Parkanlagen und ich hatte es vorher meist übersehen.

Altes Hofgärtnerhaus

Neueres Hofgärtnerhaus

Die Löwenvilla in Potsdam

An ihrem heutigen Standort gab es um 1830 – 36 nur einige Mühlen. 1904 kaufte der Bankier Georg Rohn aus Berlindas Gelände, ließ es beräumen und eine Villa mit Garten im Stil des Neobarock errichten. Eine Treppe zum Hauptportal soll von 2 Löwen geziert sein, daher stammt der Name „Löwenvilla".

1932 zog ein Major Fritz von der Lancken mit einem Internat für Jungen aus Adels- und Gutsbesitzerfamilien ein und kaufte später das Grundstück.

1944 wurde die Villa zum Versteck für die Sprengladung , die beim Attentat auf Hitler am 20. Juli zum Einsatz kam. Leider ging das Vorhaben schief und Fritz von der Lancken wurde verhaftet und am 29. September 1944 in Plötzensee hingerichtet. Seine Familie verblieb bis 1952 in der Villa und zog dann nach Berlin. In wieweit seine Familie mit in die Anschlagspläne eingeweiht war, bzw. welchen Schikanen man sie nach dem mißglückten Attentat aussetzte, konnte ich bislang nicht ergründen.

Nachdem die Familie die Villa verlassen hatte, wurde sie zum Gästehaus der Pädagogischen Hochschule Potsdam. Den Denkmalstatus erhielt sie 1987.

Ich entdeckte die Villa bei einem Spaziergang zu meinem Geburtstag.
Der Garten mit seinen Elementen zog mich sofort in seinen Bann. Als ich dann das Gebäude mit seinen Schmuckelementen vorfand, war ich sofort fasziniert.

Im Internet entdeckte ich einige Fotos vom Inneren der Villa und suchte den Kontakt zum jetzigen Eigentümer. Leider bekam ich mal wieder keine Antwort darauf. …

Bei meinem Besuch vor Ort wusste ich noch nichts über die Rolle der Villa in der NS-Zeit. Ich fühlte eine Art Bedrohung sofort, schon an der Gartenseite. Erst jetzt kann ich diese besser einschätzen,

Wie gerne hätte ich mir die Villa von innen angesehen. Es ist ja kein Einzelfall, das man meine Anfragen einfach ignoriert. Gut, dann eben nicht.

Die Villa von vorne

Blick auf hinteren Teil der Villa

Die Villa Francke in Potsdam

1873 bis 1874 wurde die Villa für den Berliner Holzhändler in der Potsdamer Jäger-vorstadt erbaut. Sie diente als Sommersitz. Erbaut im Stil des Historismus - erinnert die Villa an den italienischen Baustil. 1907 erbte die Tochter von Carl Francke das An-wesen. 1911 gab es eine Modernisierung, die Villa blieb größtenteils unverändert. Eine Tennisanlage kam hinzu.

In der DDR war die Villa ein Labor des russischen Militärlazaretts.

Heute gehört die Villa Francke der kGmbH des Kunsthistorikers Matthias Köppel und Architekt Wolfgang Keilholz. Eine Wiederherstellung der alten Anlage ist geplant, sie soll als Kunstmuseum genutzt werden. Seit 2018 fanden bereits Ausstellungen dort statt. 2018 kaufte Köppel die Villa von einer Erbengemeinschaft.

Ich konnte bei meinem Besuch vor Ort einen Blick über den Zaun werfen und mich an der imposanten Villa erfreuen. Aktuelle Ausstellungen oder Vorhaben konnte ich dort nicht ausmachen.

Blick über die Umfassungsamauer der Villa

Die Villa Garbaty in Pankow

Die Villa wurde um 1890 als Wohnsitz für den Zigarettenfabrikanten Josef Garbáty errichtet. Gleich nebenan entstanden zeitgleich Fabrikations-, Lager, und Verwaltungsgebäude seiner Zigarettenfabrik. Die Familie bewohnte die Villa bis zum Tod des Firmengründers 1939.

Noch 1943, inmitten des Krieges, lassen sich Wohnungen für einen Betriebsleiter, einen Tabaksmeister und einen Wagenführer nachweisen. Es wurde wohl der Betrieb in der NS Zeit als Zigarettenfabrik weiter geführt.

Nach dem Krieg wurde der gesamte Komplex enteignet. In die Villa zog eine Wohnung des bulgarischen Botschafters. Die Zigarettenfabrik wurde als „VEB Berliner Zigarettenfabrik" weitergeführt bis zum Ende der DDR.

Danach stand das Gelände lange leer. 1998 kaufte es der Unternehmer Wolfgang Seifert der Partei „Die Republikaner" samt der Villa. 1999 bis 2003 war die Villa an die Partei vermietet, danach wurde aufwendig saniert und es zog die Botschaft des Libanon ein. Im Jahr 2000 zog ein Café Garbáty des Kulturvereins in eines der Gebäude, zog aber bald wieder um. Ab 2010 etwa nutzt das ehemalige Kulturhaus Pankow samt Tanztheater Eden ein Gebäude des Geländes.

Als ich es 2023 besuchte, fand ich ein altes Tor mit Umzäunung vor, welches auf einen Parkplatz führte. Ich bin nicht über das einstige Fabrikgelände gegangen, sondern gleich zur Villa nebenan. Sie besitzt einen eigenen Eingang. Ich blieb vor der Tür stehen und wagte nur einen kurzen Blick auf das Gebäude.

Blick von der Straße auf die alte Villa

Frühere Einfahrt auf das einstige Fabrikgelände

Das Hofgärtnerhaus und die Orangerie in Pankow

Geht man am Schloss Schönhausen vorbei und verlässt das Gelände durch den Torbogen, findet man nur wenige Meter weiter den imposanten Bau des Hofgärtnerhauses. Es soll so um 1854 entstanden sein. Sein frischer gelber Farbton zeugt von einer Sanierung, die noch nicht lange zurückliegen kann.

Der Bau zog mich sofort an, ist extra eingezäunt, liegt aber im Umfeld der früheren Orangeriegebäude. Die Orangerie ist eindeutig älter und ist wohl in der Zeit 1775 – 1777 entstanden. Ein Teil des Orangeriegartens ist erhalten geblieben, welcher durch Umzäunungen vom Schlossbereich abgetrennt ist.

Heute finden sich Wohnungen in den historischen Gebäuden mit Gärten und einem schönen Blick zum Schloss Schönhausen.

Straßenblick auf das Hofgärtnerhaus

Das Schloss Schönhausen in Pankow

1662 kaufte die Gräfin Sophie Theodore zu Dohna-Schlobitten Land, welches heute zu Pankow gehört. 1664 wurde dort ein Herrenhaus auf dem entstandenen Rittergut Niederschönhausen erbaut. 1678 verstarb die Gräfin und vererbte das Anwesen an ihre 6 Kinder. 1680 übernahm der Oberhofmarschall und Generalkriegskommisar Joachim Ernst von Grumbkow das Anwesen und ließ alle Gebäude abreißen. Er baute ein Sommerschlösschen etwas versetzt, des früheren Herrenhauses.

1691 kaufte der Kurfürst Friedrich III. das neue Schloss von der Witwe des Herrn von Grumbkow. 1700 fanden im Schloss Verhandlungen statt, bei denen Friedrich III. seine Erhebung zum König von Preußen voran trieb. 1704, nun war er König Friedrich I., er ließ das Schloss erweitern, indem er beidseitige Flügel anbauen ließ. Zur selben Zeit entstand der Schlosspark. 1713 zogen einige Hofbeamtenfamilien in das Schloss, als König Friedrich Wilhelm I. die Regierung übernahm. Danach drohte das Schloss bereits wieder zu verfallen, weil man sich kaum noch darum kümmerte.

1740 schenkte Kronprinz Friedrich, der spätere Friedrich II. seiner Gemahlin Elisabeth Christine das Schloss als Sommerresidenz. Hauptwohnung hatte sie im Berliner Stadtschloss, nutzte aber das Schloss Schönhausen bis 1797 im Sommer regelmäßig. Sie lebte getrennt von ihrem Mann, der Schönhausen wohl auch nie besucht hatte.

Im Siebenjährigen Krieg musste Königin Elisabeth Christine in eine sichere Festung nach Magdeburg ausweichen. Russische Truppen verwüsteten in dieser Zeit das Schloss Schönhausen. Daraufhin bewilligte ihr Mann Gelder für den Um- und Ausbau des Schlosses und 1764 entstand das Schloss in der heutigen Form. 1797 verstarb die Königin und das Schloss wurde nur noch hin und wider bewohnt.

1816 – 1822 lebte Prinzessin Marianne mit den Kindern der toten Königin Luise in den Sommermonaten dort, Sie hatte die Rolle der „First Lady" übernommen. Auch die Schwester von Luise, Friederike von Mecklenburg-Strelitz, lebte einige Sommer im Schloss Schönhausen. 1828/29 wurde der Park durch den Landschaftsgärtner Peter Joseph Lenné zum englischen Garten verändert. Danach wurde das Schloss nur noch als Möbellager und Gemäldedepot benutzt und es begann der Verfall.

Ich stehe vor dem Schloss Schönhausen

1918 beschlagnahmte die Revolutionsregierung das Schloss nach der Novemberrevolution. 1925 übernahm der Freistaat Preußen das Anwesen. Erhalten wurde nur wenig, der Verfall schritt weiter fort.

Ab 1935, durch die Nationalsozialisten gefördert, fanden Instandsetzungen statt. 1931 bis 1934 dienten Teile des Schlosses Ausstellungen des Künstlerbundes Pankow. 1936, nach der Sanierung, eröffnete das Schloss als Ausstellung der Reichskammer der bildenden Künste. 1938 bis 1941 waren Kunstwerke der Ausstellung „Entartete Kunst" dort eingelagert.

Am Endes des 2. Weltkriegs, während der Kämpfe um Berlin, wurde das Schloss leicht beschädigt. Die Schäden konnten bereits 1945 durch eine Initiative beseitigt werden. Im September 1945 fand dort bereits eine Kunstausstellung statt. Nach dieser Ausstellung wurde das Schloss durch die sowjetische Militärverwaltung beschlagnahmt

Blick durch den Park auf das hintere Schloss

und man richtete ein Offizierskasino ein. Für die Öffentlichkeit wurde es gesperrt. Es kamen eine Schule und ein Internat für sowjetische Schüler in die historischen Räume.

Am 7. Oktober 1949, zur Gründung der DDR, wurde das Schloss an die DDR übergeben und es wurde von 1949 bis 1960 zum Amtssitz des Präsidenten Wilhelm Pieck. Dazu wurde es umgebaut, Garagen für einen Fuhrpark enstanden auf dem Gelände und die beiden Torhäuschen an den Eingängen, samt zwei Gebäuden. Der Park wurde durch eine Mauer abgeteilt, nur ein kleiner Teil blieb noch öffentlich.

1960 verstarb Wilhelm Pieck und das Amt des Präsidenten wurde abgeschafft. Das Schloss diente nun dem Staatsrat der DDR. 1964 wurde das Staatsratsgebäude in Mitte fertiggestellt und man zog dorthin um. Das Schloss wurde zum Gästehaus der Regierung. Weitere Umbauten folgten und zerstörten historische Substanz. Staatsgäste kamen nun im Schloss unter, u. a. Indira Gandhi, Fidel Catro, 1989 Michail Gorbatschow.

Nach der Wende kam das Schloss ins Inventar des Bundesvermögensamtes. 1991 nutzte die Bundesrepublik das Schloss Schönhausen erneut als Gästehaus beim Staatsbesuch der Königin Beatrix der Niederlande. 1997 wurde das Schloss dem Liegenschaftsfonds des Landes Berlin übergeben um es zu verkaufen. 2003 sollte es erst als Ausweichquartier des Bundespräsidenten dienen, als Schloss Belevue saniert wurde. Aber daraus wurde nichts.

2005 wurde das Schloss Schönhausen an die Stiftung Preußische Schlösser und Gärten übergeben – und da ist es seitdem in den allerbesten Händen! Mittel zur Wiederherstellung wurden aufgebracht und es entstand eine Ausstellung mit Resten aus der Zeit des Barock bis hin zu seiner Nutzung als Regierungssitz der DDR.

Ich besuchte es mal wieder im März 2023, leider war eine Besichtigung da nicht möglich. Ich erfreute mich an einem Spaziergang durch den Park. Aber diesmal hatte ich eher düstere Energien dort, wohl aus DDR Zeiten. Und ich hielt mich nicht lang auf. Einer der alten Bäume „zeigte" mir noch ein entspanntes fröhliches Treiben von Damen in pastellfarbenen Kleidern und Musik im hinteren Teil des Parks, was wohl in die Zeit der Königin Elisabeth Christine fiel. Aber die sehr nüchteren Energien der Zeiten danach, waren wohl stärker an diesem Tag.

Die Kasbaumsche Villa in Pankow

Diese Villa liegt ziemlich auffällig im Majakowskiring. Einst wohnten im Umfeld Industrieelle.

1945 wurde das gesamte Gebiet von der sowjetischen Besatzung zum Sperrgebiet erklärt. Nach der Gründung der DDR übernommen und ab 1949 zu einem abgesperrten Wohnbezirk der Elite der DDR Führung umgewandelt. Dazu wurden Gebäude beschlagnahmt und sogar enteignet. Nur wenige Meter entfernt, saß lange Zeit die Regierung im Schloss Schönhausen.

Betritt man den Majakowskiring rechts, fällt einem sofort die helle Villa mit Giebelschmuck und Säulen ins Auge. Es ist die sog. „Kasbaumsche Villa". Errichtet wurde sie um 1900. Sie soll einst dem Fotografen Richard Kasbaum gehört haben. In der DDR wurde sie zu einem Gästehaus der Regierung. Weitere Infos konnte ich leider nicht finden.

Blick auf die Villa von der Straße

Geht man heute diesen Straßenring entlang, braucht man keinen Passierschein mehr, aber wird dennoch etwas komisch behandelt. Ich sah mir das alte Gebäude der Villa an, als plötzlich ein Mann mit Sohn fast neben mir zu stehen kam. Erst hielt ich es für ein Versehen, aber als ich mich weiter bewegte und vor dem nächsten Objekt zum Stehen kam, stand der Mann erneut fast neben mir und ging erst weiter als ich weiter ging! Erst als ich vor mich hinbrummelte , hörte er mit seinem „Spielchen" auf. Ja ja, ein Platz verliert doch niemals seinen Charakter! Angst macht mir soetwas nicht mehr, entlockt mir nur ein Kopfschütteln über ganz aktuelle Herrenrassentheorien! Mir war dort insgesamt unwohl, so ging ich nur ein kleines Stück und trat dann den Heimweg an.

In der Hausnummer 59 lebte früher die langjährige und berüchtigte Hilde Benjamin, Vizepräsidentin des Obersten Gerichts und spätere Justizministerin der DDR. Sie hatte den Beinamen „Rote Guilliotine", da sie reihenweise Todesurteile gegen Regimegegner fällte! 1960 wurde das Haus abgerissen, angeblich wegen Baufälligkeit. Aber sie zog nur wenige Ecken weiter. Kein Wunder, wenn es mir in dem Gebiet mächtig schauerte. ...

Andere Infos über Villen und ihre Nutzer spare ich mir in diesem Bereich. Da ja auch keine Hinweise zu finden sind, was diese Entourage dort den Menschen in der DDR angetan haben, werde ausgerechnet ich, ebenfalls einer der anerkannten politischen Häftlinge der DDR, diese Taten und Haltungen auf gar keinen Fall verschönen. Schon gar nicht, weil sich nicht sehr weit entfernt, auf der anderen Seite des Bahndamms, der ehemalige Stasiknast Kissingenstraße befindet, den ich „genießen" durfte.

Das Gut Schönau im Umfeld vom Hamburg

1871 schenkte Wilhelm II. für seine Verdienste um die Gründung des Reiches den Sachsenwald an Otto von Bismarck. Die Größe seiner Anwesen sollte sich bald erweitern. Bis 1890 war ein Grundbesitz von ca. 1100 ha entstanden. 1854 wurde eine Brennerei errichtet auf Gut Schönau, welche bis 1948 Kartoffeln und Malz verarbeitete. Anschließend entstand eine größere Kornbrennerei für die Spirituosenherstellung. Diese wurde lange betrieben und erst vor einigen Jahren eingestellt.

Das einstige Fabrikgebäude befindet sich am Anfang des Gutes und steht heute wohl leer, zumindest sieht es danach aus. Das Gut blieb der Familie von Bismarck verbunden, das kann man noch heute an Porträts und Wappen am Gebäude erkennen.

Genaue Informationen lassen sich nur schwer finden. Als ich im April 2023 das Anwesen besuchte, fand ich es als Veranstaltungsort vor mit Restaurant, welches aber leider nicht geöffnet war. Das eigentliche Herrenhaus strahlt in frischem Gelb über den Zaun und andere Gebäude. Man kam aber nicht näher heran. Da es sich wohl in Privatbesitz befindet, wollte ich auch nicht ungefragt überall herumwandern.

Zur früheren Geschichte des Gutes konnte ich leider keine Infos finden.

Blick von der Straße auf Bismarckscheune, altes Herrenhaus und neues Wohnhaus

Das Gut Basthorst im Hamburger Umfeld

Bereits 1391 beginnt die nachweisbare Geschichte des Gutes mit einem „Johan Schacken to der Basthorst". 1545 wurde der Besitz unter 2 Söhnen aufgeteilt.

Im Dreißigjährigen Krieg besetzte der jüngere Bruder des Herzogs von Lauenburg, Herzog Franz Albrecht das Gut und ließ Befestigungsanlagen errichten und Wassergräben. In dieser Zeit geriet das Gut in finanzielle Probleme. <Die Witwe, Dorothea von Schack, verkaufte das Gut. Ihr Mann starb 1645 bei einem Duell in Lübeck. Das Gutsgelände übernahm der reiche niederländische Kaufmann Peter von Uffeln. Schon beim Kauf setzte von Uffeln durch, das auch eine Frau das Gut erben durfte. Es wurde so zu einem „Kunkel-Lehensgut", was auch einige Male erfolgte.

In der Zeit von 1721 bis 1796 besaß die Familie von Plessen das Gut Basthorst. Das heutige, etwas unscheinbare Herrenhaus, soll so um 1750 entstanden sein. 1760 verschwand der älteste Sohn spurlos. Es wurde nie aufgeklärt ob es sich um einen Unfall oder einen Überfall gehandelt hat, oder sogar um einen Freitod. 1796 übernahm daher seine Schwester, Eleonore Elisabeth, verheiratet mit Schack von Buchwald auf Johannstorf das Gut. Bis 1819 verblieb es im Besitz der Schacken von Buchwald.

Amalie Sophie von Buchwald, Hofdame der dänischen Königin (spätere Gräfin von Holstein) hielt ihrer Königin weiter die Treue, als diese 1772 aufgrund der „Struensee-Affäre" das Land verlassen musste. (Affäre mit dem Hofarzt Johann Friedrich Struensee)

Ab 1843 ist eine Familie von Brusselle auf dem Gut vermerkt.

1944 ging der Besitz an den Neffen, Franz Freiherr von Ruffin über, damit die Nationalsozialisten das Gut nicht enteignen konnten. (Joseph von Brusselle hatte einen Beileidsbrief an die Witwe des Grafen von Stauffenberg geschrieben, nachdem man ihn erschossen hatte nach dem mißglückten Hitler Attentat am 20.Juli 1944.) Mit Hilfe der Dorfbewohner konnte die Gestapo an Maßnahmen gehindert werden!

1945 zogen Flüchtlinge auf das Gut und ins Herrenhaus.

Heute gehört das Gut Enno Freiherr von Ruffin. Er ist der 2. Mann der Sängerin Vicky Leandros. Das Gut betreibt Landwirtschaft und einen Veranstaltungsbetrieb. Viele Gebäude sind heute ausgebaut und bieten Platz für Veranstaltungen und Tagungen an. Im einstigen Pferdestall befindet sich ein Restaurant, welches sich sehen und schmecken lassen kann. Wir besuchten es bei unserem Aufenthalt dort und speisten an Tischen in den früheren Pferdeboxen.

Im Herrenhaus kann man heute übernachten, auch wenn wohl ein Teil davon privat genutzt wird. Das Herrenhaus, schön gepflegt, ist eher ein schmales kleines Gebäude. Nicht in der Art anderer Herrenhäuser. Gelegen an einem grünen Rondell, der den Blick auf einstige Wirtschaftsgebäude aus verschiedenen Zeiten frei gibt.

Fotos darf ich aus rechtlichen Gründen leider nicht verwenden, da ich sie innerhalb aufgenommen habe. Ich habe eine Aufnahme von außen leider verschwitzt, was wohl am Regenwetter lag.

Das Schloss in Trittau bei Hamburg

Im Jahr 1326 entstand eine Wasserburg, welche den Grenzbereich schützen sollte. 1460 gelangte Trittau in den Besitz des dänischen Königshauses, welches Hollstein als Lehen verwaltete. 1534 wurde die Burg durch den Feldherrn Marx Meyer erobert. Nach dem sog. Frieden von Stockeldorf gelangte das Gelände zurück an Dänemark. 1544 wurde Trittau durch eine Erbteilung eine Exklave des Herzogtums Schleswig-Holstein-Gottorf.

Um 1581 ließ der Herzog Adolf I. die Burg abreißen und ein neues Schloss errichten. Es soll ähnlich dem benachbarten Schloss Reinbek gewesen sein. 1627, im Dreißigjährigen Krieg wurde das Schloss durch Tilly und Wallenstein erobert. Es wurde somit zum Hauptquartier. 1657 wurde das Schloss zur Herberge von König Karl X. Gustav von Schweden. 1659 beherbergte es den Kurfürsten Friedrich Wilhelm.

Im 18. Jahrhundert wurde das Gelände, durch den Vertrag von Zarskoje Selo dänisch. Das Schloss wurde nicht mehr genutzt, verfiel. 1775 wurde es abgerissen.

Bei einem Besuch im April 2023 vor Ort, konnten wir keine Reste des einstigen Schlosses mehr entdecken, auch den genauen Standort konnten wir nicht mehr ausmachen. Wir fanden eine alte Wassermühle vor, welche wohl in einem ähnlichen Baustil wie das frühere Schloss errichtet wurde.

Blick zur alten Wassermühle

Das Schloss Reinbek bei Hamburg

Da wo sich heute das Schloss befindet, gab es 1250 das Reinbeker Kloster der Zisterzienserinnen. 1534, im Zusammenhang der „Grafenfehde" wurde die Klosteranlage geplündert und angezündet.

1572 bis 1576 wurde für den Herzog Adolf das Reinbeker Schloss erbaut, als Nebenresidenz bei Reisen in seine Ämter Reinbek und Trittau. Es diente auch als Jagdschloss, da in seinem Umfeld große Parforcejagden stattfanden. Das Schloss wurde nicht dauerhaft genutzt, wurde in den ungenutzen Zeiten durch einen Kastellan verwaltet. Zum Schlossbereich zählten eine Kornbrennerei, eine Brauerei, Scheunen und Ställe, sowie ein Küchengarten und Fischteiche.

1646 zog die Verwaltung der Gottdorfer Exklave durch Amtsmänner ins Schloss. Nach dem Tod Herzog Adolfs diente das Schloss den herzoglichen Witwen als Wohnung. Im Dreißigjährigen Krieg besetzten schwedische und später kaiserliche Truppen das Schloss und verhinderten so eine Zerstörung. 1773 übernahm die königlich-dänische Herrschaft nach dem Vertrag von Zarskoje Selo das Schloss. Es befand sich in keinem guten Zustand. 1776 wurde es instand gesetzt.

Seit dem Ende des 18. Jahrhunderts und dem Beginn des 19. Jahrhunderts dachte man mehrfach über den Abriss nach. 1818 wurde der Abbruch des Schlosses durch ein Gutachten des Regierungsbaumeisters Christian Frederik Hansen verhindert.

1866, infolge des Deutsch-Dänischen und Deutschen Krieges, ging das Herzogtum an Preußen. In dieser Zeit diente das Schloss als Landratsamt, wurde aber 1873 nach Wandsbek verlegt. Ins Schloss zog die preußische Finanzbehörde. Diese versteigerte es 1874. Der Käufer verkaufte es bald weiter an die Familie Specht. Diese sanierten es und bauten es teilweise um, um dort bis zum Endes des 1. Weltkriegs ein Hotel zu betreiben. 1919 wurde das Hotel an Margarete von Patow verkauft, welche ein christliches Erholungsheim Pniel einrichtete.

1939 verkaufte man das Haus wieder an die Stadt Hamburg. Nun wurde es zum „Reichsinstitut für Forstwirtschaft". Im 2. Weltkrieg überstand das Schloss ohne Schäden, und nahm am Ende Flüchtlinge aus den Ostgebieten auf.

Blick zum Schloss Reinbek vom Eingang

1972 kauften der Kreis Stormarn und die Stadt Reinbek das Schloss und ließen es umfassend restaurieren. 1977 gründete sich der Verein „Freunde des Schlosses Reinbek e. V." und fördert seitdem die Nutzung und den Erhalt. Seit 1987 ist es offen für Besuche.

Heute dient es als Kulturzentrum und kann besichtigt werden. Das Schloss diente bereits mehrfach als Drehort für Filme. Es liegt sehr verkehrsgünstig, unmittelbar neben einer Bahnhofsstation. Eine Anreise ist also auch ohne Auto möglich. Wenn man sich vom Parkplatz auf das Schloss zu bewegt, fallen einem zuerst die alten Wandelgänge auf. Geht man am Gebäude vorbei, gelangt man in einen gepflegten Park und kann das Schloss umrunden.

Leider war es an dem Tag meines Besuches geschlossen. Gerne hätte ich einen Blick hinein geworfen.

Das Schloss in Bad Bramstedt im Hamburger Umfeld

Im Jahr 1540 entwickelte sich aus einer mittelalterlichen Grundherrschaft das Gut Bramstedt. Es gehörte keinem Landadligen, sondern ging aus bürgerlichem Besitz hervor. Es ging an den Kanzler des dänischen Königs, einen Caspar Fuchs. Er besaß kein geschlossenes Gut, sondern sein Besitz war verteilt rund um Bramstedt. Als nächster Besitzer ist ein Gerhard Steding verbrieft, 1628 brannte der Hof ab. 1631 verkaufte der Arend Steding die Reste des Gutes an den dänischen König Christian IV. Dieser schenkte es 1633 seiner Lebenspartnerin Wiebke Kruse. Nun setzte man die Bauten instand. Das heutige Torhaus ist in dieser Zeit entstanden. Ob sich die Geliebte dort aufhielt, ist leider nicht nachvollziehbar. Nach ihrem Tod erbte ihre Tochter Elisabeth Sofie Christansdatter Gyldenlöve und ihr Mann Claus von Ahlefeldt.

Dann wechselten die Besitzer häufiger. Nach der Familie von Ahlefeldt, folgte ein Johann Gottfried von Kielmanseck. Die Enkelin der Wiebke Kruse verkaufte das Gut zum Endes des 17. Jahrhunderts.

Mitte des 18. Jahrhundert übernahm eine Familie Stolberg. In dieser Zeit wurden das alte Schlösschen und Wirtschaftsgebäude abgerissen. Das Torhaus wurde nun zur Wohnung umgebaut. 1797 verkauften sie das Anwesen an Friedrich Ludwig Wilhelm Meyer. Dieser bewohnte es bis zu seinem Tod. Danach wechselten die Besitzer wieder öfter.

Im 19. Jahrhundert wurde das Gut aufgelöst und die Stadt Bad Bramstedt übernahm das Torhaus.

Heute befindet sich die Stadtverwaltung mit Archiv und Trauzimmer im alten Torhaus. Es finden auch Veranstaltungen dort statt. Vom eigentlichen Schloss ist heute nichts mehr vorhanden. Es befand sich hinter dem Torhaus, hinter dem Flüsschen Hudau. Dort findet man heute neue Wohnhäuser. Nur ein kleiner Platz hinter dem Torhaus ist als Rest der einstigen Schlossanlage erhalten.

Das Torhaus wird heute gerne als „Schloss" bezeichnet, ist aber nur ein Teil des alten Geländes, welches das Areal am Anger des Ortes begrenzte. In seinem Inneren sollen sich dennoch Räume im Stil des Rokoko befinden. Leider konnten wir diese nicht besichtigen, da dort gerade eine Tagung stattfand.

Blick zum Torhaus

Hinter dem Torhaus, hinter der Brücke befand sich früher das Schloss

Das Schloss Bergedorf in Hamburg

Im 14. Jahrhundert wird in Urkunden ein „festes Haus" erwähnt. Ein genaues Datum der Entstehung ist bislang nicht bekannt. Bis 1420 nutzten die Herzöge von Sachsen-Lauenburg die Anlage als Residenz. Danach eroberten die reichen Städte Hamburg und Lübeck eine frühere Burg. Es entstand ein gemeinsam verwaltetes Amt Bergedorf. Die heutige Schlossanlage entstand wohl Ende des 16. Jahrhunderts bis zum Anfang 17. Jahrhundert.

Im Jahr 1868 kaufte Hamburg den Lübecker Anteil auf und beendete die lange Doppelherrschaft. Das Schloss wurde nun zur Verwaltung, zum Gericht und einer Polizeistation. 1897 bis 1899 überbaute man einen Teil des Schlosses im Stil der Neogotik.

Der Schlosspark war lange Zeit nicht zugänglich. Erst in der Zeit der Industiealisierung änderte sich dies und das Umfeld wurde zu einem Landschaftspark umgestaltet. Seit 1926 steht der Park unter Denkmalschutz. Seit 1953 befindet sich das Museum für Bergedorf in den Räumen des Schlosses.

Noch heute befindet sich das Museum im Schloss und es dient zu kulturellen Veranstaltungen und Mittelaltermärkten.

Bei meinem Besuch war das Schloss leider geschlossen. Es liegt heute in einem schönen gepflegten Park, in dem man um das Schloss herumlaufen kann. Nur wenige Meter vom Schloss findet man weitere historische Gebäude, wie eine alte Kirche vor. Sehenswerte Villen entdeckt man in seinem Umfeld.

Ein schöner alter Stadtkern lädt mit Restaurants und Geschäften zum Verweilen ein. Ein Ort der Entschleunigung und der Ruhe und das in einem Stadtteil von Hamburg. Wie leicht fühlt man sich in eine ruhigere Zeit versetzt. … Ein Besuch lohnt sich.

Straßenblick auf das Schloss Bergedorf

Blick durch die nahen Häuser zum Schloss

Schloss Ahrensburg bei Hamburg

1567 bekam Daniel Rantzau vom dänischen König Friedrich II. eine ehemalige Vogtei mit einer alten Burganlage übertragen. Leider konnte er sich daran nicht lange erfreuen, da er zwei Jahre später, 1569, bei der Belagerung der schwedischen Festung Warbung fiel. Sein Bruder, Peter Rantzau, übernahm das Land und heiratete auch die Braut seines Bruders, Katharina von Damme. Noch heute prangt ein Andenken in Form von Wetterfahnen in Gestalt eines Reiters ohne Hinterbeine auf dem Schloss. Der Bruder starb, als durch eine Kanonenkugel sein Pferd zerrissen wurde, daher das fehlende Hinterteil.

Das neue Herrenhaus wurde im Stil der Renaissance erbaut und sollte als Alterssitz und vor allem Stammsitz der Familie Rantzau dienen. 1596 entstand die Schlosskapelle, wo auch Familienmitglieder beerdigt wurden. Das Anwesen verblieb lange im Besitz der Familie bis zum 18. Jahrhundert. Man überstand so einige Krisen. Im 17. Jahrhundert häuften sich die Schwierigkeiten, als Folgen des Dreißigjährigen Krieges. Detlev Rantzau verstarb 1746 und der mittlerweile schwerverschuldete Besitz konnte nicht mehr gehalten werden.

1759 kaufte der Kaufmann Heinrich Carl von Schimmelmann das Gut. 1756 stieg dieser zum Getreidelieferanten des preußischen Heeres auf und konnte Bestände der Meißner Porzellanmanufaktur erwerben. Er wurde bald zu einem der reichsten Männer der Zeit. Seine finanziellen Fähigkeiten führten ihn an den dänischen Hof, wo er 1768 zum königlichen Schatzmeister ernannt wurde. Sein Hauptwohnsitz wurde nun Kopenhagen. In dieser Zeit ließ er das Ahrensburger Herrenhaus umbauen in ein spätbarockes Schlösschen, welches bis 1778 seine Sommerresidenz wurde.

Schimmelmann wurde erst zum Freiherrn und dann zum Grafen erhoben. Der dänische König Christian besuchte ihn mehrfach auf dem Schlösschen. 1778 wurde sein Wandsbeker Schloss fertiggestellt und seitdem besuchte er sein Anwesen in Ahrensburg seltener.

Nach seinem Tod, teilten sich seine Kinder das Erbe. Ahrensburg ging an den Sohn Friedrich Joseph Schimmelmann.Er konnte nicht an den Erfolgen seines Vaters anknüpfen und verschuldete sich.

Blick auf das Schloss Ahrensburg vom Parkplatz aus

Auf der Brücke zum Schloss

Im 19. Jahrhundert verstärkte sich die Krise weiter. Erst Mitte des 19. Jahrhunderts konnten alle Schimmelmannschen Besitztümer wieder vereint werden unter Ernst Schimmelmann. Er war der Urenkel des Schatzmeisters und in seiner Zeit wurde das Herrenhaus modernisiert und neue Nebengebäude östlich des Mühlenteichs erbaut. Der Gutsbetrieb wurde durch eine Pferdezucht ergänzt und bis zum Beginn des 20. Jahrhunderts weitergeführt.

1841 bis 1843 entstanden die Granitbogenbrücke und 1845 das neogotische Torhaus. Diese wurde 1960 abgerissen wegen Baufälligkeit. 1846 entstand der Marstall gegenüber, heute ein Kulturzentrum.

Endes des 1. Weltkrieges kam es zu einer letzten Krise. Das Gut wurde verkauft. Zuvor hatten 7 Generationen der Familie Schimmelmann im Schloss gelebt, wie vorher auch 7 Generationen der Familie Rantzau. Das Land wurde geteilt und an verschiedene Käufer abgegeben. Das Herrenhaus stand ab 1932 leer, aber sein Inventar wurde bereits ab 1927 verkauft. Ein Ahrensburger Bürger veranlasste, da die Sparkasse das Schloss kaufte, das ab 1935 ein erstes Museum einzog. 1938 gründete sich ein Schlossverein zur Erhaltung des Gebäudes. 1941 wurde das Museum geschlossen und im 2. Weltkrieg unter Tarnnetzen verborgen. Es überstand die Kriegszeit weitgehend unbeschadet. 1943 wurde es zum Lazarett, 1944 zum Sitz der Deutschen Seewarte. Nach dem Krieg wurde es für kurze Zeit eine Kommandostelle der britischen Armee und zur Flüchtlingsunterkunft.

1947 zog eine Berufsschule ins Herrenhaus und verblieb dort bis 1954. 1955 eröffnete das Museum wieder auf Bemühung des Schlossvereins. 1984 bis 1986 wurde das Herrenhaus umfangreich saniert. Es wurden auch einige Filme in seinem Umfeld gedreht.

2005 – 2015 wurde das Schloss aufwendig restauriert. 2009 erhielt die Fassade einen neuen freundlichen Anstrich. 2010 wurden die Innensanierungen durchgeführt und 2011/2012 abgeschlossen. Im Jahr 2014 wurde der Schlossgraben entschlammt und der Park saniert.

Ich besuchte im April 2023 das Schloss und war mehr als begeistert. Schon auf der Brücke , auf dem Weg in das Parkgelände, strahlte einem das Schloss freundlich entgegen. Gerne hätte ich den gesamten Park in aller Ruhe ergründet, aber leider fehlte uns dazu die Zeit.

Ich stehe vor dem Parkeingang zum Schloss Ahrensburg

Über eine etwas unscheinbare Tür betritt man das Schloss, vorbei an den Steinlöwen zu beiden Seiten. Die Räume strahlen eine edle Ausstattung aus und man folgt gerne und mit einem staunen. Auch die Treppenanlage weist auf ein herrschaftliches Haus mit viel Raum zum Präsentieren hin. Auch wenn man diese erst ziemlich spät eingefügt hatte, vorher hatte man lange Zeit nur eine Art Wendeltreppe zur Verfügung.

Ich raffte meine Röcke beim Besuch und folgte dem Treppenlauf in die oberen Stockwerke. Kein Raum „langweilt", jeder Raum zieht einen auf seine Art in seinen Bann. Gerne komme ich wieder, beschließe mich dort auch für eine kleine Veranstaltung zu melden. Aber ob man sich darauf einlässt?

Wer in der Nähe ist, sollte einen Besuch einplanen. Es ist als wenn man einen Zeittunnel betritt und in einer längst vergangenen Zeit wieder hervor kommt.

Das Herrenhaus / Schloss Borstel bei Hamburg

Im 13. Jahrhundert bekam ein Mitglied der Familie de Tralowe (Tralau) vom Landesherrn ein Stück Land zugewiesen. 1258 war die erste Erwähnung des Gutes. Um 1500 kam das Gut zu seiner ersten Blütezeit. Im 16. Jahrhundert war das Anwesen durch Erben von der Familie von Borstel (de) und Hummersbutte (Hummersbüttel) auf die Familie von Bockwolde (Buchwaldt) übergegangen. 1587 verstarb Jasper von Buchwaldt. Danach kam es zum Streit um das Erbe. Durch die Vermittlung eines Verwandten kam ein Vergleich zustande, die Güter Borstel und Jersbek wurden geteilt. Der jüngste Sohn Johann von Buchwaldt wurde 1588 der erste Gutsherr des geteilten Gutes.

1631 wurde das Gut Borstel an Otto von Buchwaldt verkauft. 1737 zerstörte ein Brand das alte Gutshaus. 1743 wurde ein neues erbaut und dieses 1751 vollendet. 1798 gelangte das Gut an Matthias Ooster jun.. 1801 bereits ging das Gut an Joachim Christoph Janisch und schon 1803 an Demetrius Graf de Wuits. Schon 1806 ersteigerte Cay Lorenz Freiherr von Brockdorff das Gut aus der Konkursmasse des Grafen de Wuits. 1839 übernahm es Joseph Graf von Baudissin. Niemand hielt sich dort lange!

1930 ging das Anwesen auf Friedrich Bölck über. Dieser verkaufte es abermals bereits 1932 an die Siedlungsgesellschaft Bauernland AG, Berlin. Diese verkauften in der Zeit von 1932 bis 1938 Teile des Anwesens an Siedler. Der letzte Gutsherr von Borstel starb 1940 bei einem Autounfall südlich von Eutin. Ebenfalls 1930 wurden Teile des Gutshauses in ein Kinderheim umgebaut. 1938 wurde dieser Teil zur Bezirksschule III des RAD – Reichsarbeitsdienstes für Mädchen. 1943 bei den schweren Bombenangriffen auf Hamburg wurde es zum Lager für Flüchtlinge und Polen, die im Krieg bei Bauern der Gegend gearbeitet hatten.

Seit 1947 bist es nun Sitz des Forschungszentrums Borstel mit Bibliothek und Tagungshaus. Ein Tuberkuloseforschungsinstitut forschte auf dem Bereich des Herrenhauses. Die Forschungen änderten sich mit der Zeit.

1992 entdeckte man einen massiven Schimmel- und Pilzbefall, das Gebäude musste saniert werden.

2007 wurde es seiner Nutzung als Wissens-, Kultur, und Kommunikationszentrum übergeben.

Blick auf das Schloss vom Tor

Das Schloss herangezoomt

Heute wird das einstige Gutshaus und sein Umfeld von Zweckbauten der Klinik genutzt. Der Park ist für Besucher geöffnet!

Als ich im April in der Gegend war, entdeckten wir das Anwesen per Zufall. Sofort war ich von seiner Größe beeindruckt. Wir fuhren auf dem Rückweg extra nochmal dorthin. Das Schloss, es fällt schwer dieses Gebäude „nur" als Herrenhaus zu bezeichnen, faszinierte mich sofort. An beiden Seiten befinden sich Kavaliershäuser. Leider spielte das Wetter nicht so mit und ich stand inmitten des Regens nur einen Moment auf dem Ehrenplatz. Zu gerne wäre ich in den Park gegangen. Trotzallem darf ich eine etwas seltsame Energie dort nicht verschweigen, wahrscheinlich erklärt sie sich mit der Nutzung in der NS Zeit als Gebäude des Reichsarbeitsdienstes. Dennoch hatte ich Mühe mich von dort loszureißen.

Zu gerne komme ich einmal wieder. Wer weiß was ich dann in seinem Park erspüren werde. Oder einfach nahe an den Gebäuden.

Das Herrenhaus / Schloss Grabau bei Hamburg

Bereits im 16. Jahrhundert wurde das Gut Grabau gegründet. Erst war es ein Meierhof des Gutes Borstel, welches sich ganz in der Nähe befindet.

Bis zum Ende des 18. Jahrhunderts befand sich das Gut Grabau im Besitz der Familie Buchwaldt, durch Heirat der Familie von Bernstorff. Im 19. Jahrhundert wechselten die Besitzer mehrfach. 1804 wurde die Zugehörigkeit zum Gut Borstel beendet, und 1806 wurde Gut Grabau unter Joachim Christopf Janisch zum eigenständigen Gut. Nach Janisch folgten einige Besitzer. 1861 bis 1905 gehörte das Gut der Familie Wehber.

Zu Beginn des 20. Jahrhundert wurde es erneut verkauft, an den Kaufmann Gustav Lahusen. Dieser ließ das heutige sehr imposante Herrenhaus erbauen, welches eigentlich schon eher ein Schloss ist. Das Gut wurde auf Milchwirtschaft umgestellt. 1923 entstand im angrenzenden Park eine Grabkapelle für die früh verstorbene Tochter von Gustav Lahusen. Dieser Bau passt stilistisch zum Herrenhaus. Heute wird sie von der Kirchengemeinde Sülfeld betrieben.

1931 übernahm für kurze Zeit der Fabrikant Friedrich Bölck das Gut. 1936 verkaufte er es bereits weiter an die Wehrmacht. Das Herrenhaus wurde zum Oberkommando, auf dem Gut wurden Armeepferde versorgt. Im 2. Weltkrieg arbeiteten russische Kriegsgefangene auf dem Hof. Zum Ende des Krieges zogen Flüchtlinge aus Ostpreußen dort ein.

Nach dem Krieg wurde das einstige Gut aufgeteilt. 1967 kaufte die Familie Kameke das Gut und gestaltete es zu einem Gestüt um. Auch dann wechselten die Besitzer noch öfter.

1985 – 1995 gehörte das Gut Gabriele von Kameke – Streckenthin, geborene Gräfin von der Groeben, bis diese verstarb. 1995 – 2010 ist ein Dr. Kartz von Kameke vermerkt und seit 2010 ein Fernando Chacon.

Heute gehört nur noch das Herrenhaus zum Gut.

Blick auf das Schloss von der Straße

In der Zeit von 1951 – 1966 wurde das Schloss zum Landjugendheim und wurde für diese Nutzung umgebaut. 1985 wurde das Schloss an einen Investor verkauft, nun entstanden Wohnungen, welche vermietet wurden. Nach dem Tod des Besitzers kam es 1997 zur Zwangsversteigerung. Ein neuer Käufer plante einen gastronomischen Betrieb, die Pläne wurden aber nicht ausgeführt.

Das Schloss wirkt heute etwas verfallen und soll wohl zum großen Teil leer stehen. Nur ein linker Trakt soll privat bewohnt sein. Es diente dennoch für einige Filme als Drehort.

Im April 2023 saß ich mit einer Freundin im Auto und wir entdeckten das imposante Schlossgebäude. Es ist im Stil der Gotik und des Tudor erbaut, soll aber auch einige Jugendstilelemente besitzen. Es wirkt wie ein alter englischer Landsitz, und genau das ist etwas ganz Besonderes im Raum von Hamburg.

Wir versuchten näher an das Gebäude heran zu kommen, kamen so zu der alten Kapelle im gleichen Baustil. Das Wetter spielte leider nicht mit, so begnügten wir uns mit einem kurzen Halt auf der Straße. Ich schnappte mir meine Kamera und begab mich auf Entdeckungstour. Einige Stellen des wüsten Laubs waren gelichtet worden, so hatte man einen schönen Blick auf das alte Gemäuer.

Die alte Kapelle

Leider kam ich nicht näher heran. Ich notierte mir die genaue Anschrift und wollte versuchen mit dem heutigen Besitzer in Verbindung zu treten. Leider kam der Brief zurück …

Zu gerne hätte ich mehr über dieses mystische Gebäude erfahren. Ich konnte es nicht vergessen, ich fühlte ein gut konserviertes Geheimnis dort, welches ich aber nicht zu lüften vermochte.

Die alte Burg in Neustadt-Glewe

In der Mitte des 13. Jahrhunderts entstanden erste Teile der Burg auf einem kleinen Hügel für den Grafen von Schwerin. Erst sollte die Burg der Grenzsicherung der südlichen und südöstlichen Grenze der Schweriner Grafschaft dienen. Unterschiedliche Interessen der Grafschaften untereinander führten zu bewaffneten Auseinandersetzungen mit den benachbarten Grafschaften Dannenberg, Bistümer Havelberg und Ratzeburg.

Nach mehrfachen Umbauten der Burg, wurde diese 1358 zur Vogtei. Bis ins 18. Jahrhundert, eine sehr lange Zeit, diente die Burg als Nebenresidenz der mecklenburgischen Herzöge. Erst 1717, mit der Fertigstellung des Schlosses ganz in der Nähe, verlor die Burg ihren Status als Herrschersitz. Die einstigen Wohnräume des Herzogs im oberen Geschoss der Burg, wurden nun zum Marstall und blieben dies bis 1954, als Teil des Landgutes Redefin. Das war das sogenannte „Neue Haus". Auch andere Wirtschaftsgebäude bekamen neue Nutzungen, u. a. als Orangerie, Wohnungen ud Jugendherberge.

1882 wurde das Neustädter Technikum gegründet und bis 1920 dort auf der Burg gelehrt.

In der DDR gab es eine Jugendherberge auf der Burg, ein Teil der historischen Räume wurde zu Wohnungen.

1994 bis 1998 wurde die Burg saniert, Ausgrabungen unterstützten den Erkenntnisstand.

Der Turm, der Bergfried entstand erst zu Beginn des 15. Jahrhunderts, anstelle früherer Bauten. Im 16.- und 17. Jahrhundert entstand das oberste Geschoss, welches man zu Wohnzwecken nutzte, was Kamin und Seitenbänke beweisen. Im Keller des Turms befindet sich das Verlies, welches nur durch eine runde Luke im Boden erreicht werden kann von der früheren Wachstube aus. Zwei kleine Räume dienten wohl ebenfalls als Gefängniszellen.

Das sog. Alte Haus, diente zu Wohnzwecken für Burgvögte und Bedienstete. Es gab hier eine Brau- und Backstube, eine Küche, eine Wollstube und einen Malzboden.

Burgblick über den Teich

Später wurde dieses Gebäude zur Schule, zum Lager und zur Jugendherberge. Heute befindet sich dort eine Gaststätte.

2002 stürzte das Haus bei Bauarbeiten ein und von 2005 – 2006 erfolgte der Wiederaufbau.

Das „Neue Haus" wurde 1576 zuerst erwähnt. Ab 1714 kam ein Inventar für höhere Ansprüche hinein und es diente lange dem Herzog und der Herzogin als Residenz, wie bereits vorher schon erwähnt wurde. Heute befindet sich der moderne Eingang ins Museum dort.

Die alte Burg wirkt noch heute sehr trutzig und massiv, auch wenn sie lange nicht mehr der Verteidigung diente. Das Restaurant im „Alten Haus" ist sehr zu empfehlen, man hat einen schönen Blick auf die Wiesen unterhalb der Burg. Dort finden jährlich Ritterspiele beim Burgfest statt.

Blick von außen auf die Burg

Das neue Schloss in Neustadt-Glewe

Auch wenn ich dieses bereits in der ersten Ausgabe der Reihe erwähnt habe, so möchte ich dennoch ein weiteres Mal darauf eingehen. Erst durch die Geschichte der Burg, kann man auch näher auf die Geschichte des Schlosses eingehen.

Der Herzog Adolf Friedrich entschloss sich im 17. Jahrhundert zum Bau eines Schlosses. Vorher residierte das Fürstenhaus in der nahe gelegenen Burg. Da es einige Probleme mit dem Baugrund gab, wurde das Schloss auf Holzpfählen und Holzbalkenristen erbaut. 1619 – 1622 ging der Bau gut voran, dann kam der Dreißigjährige Krieg und der Bau wurde eingestellt. Als einige Jahre später Wallenstein bei einem Feldzug in die Gegend kam, ordnete er einen Erhalt und die Weiterführung des Bauens an, damit es nicht verfalle.

1717 – 1720 wird der Bau mit barocken Ausführungen so weit fertiggestellt. Das Schloss wurde mit prächtigen Stuckdecken und 32 wunderbaren Kaminen ausgestattet. Die Decken sind noch heute eine Sensation und in der Fülle und Ausführung einmalig in Europa. Nach dem Brand des Schlosses in Grabow 1725 wohnte Herzog Christian Ludwig mit seiner Familie und seiner Schwester, der Königin von Preußen, im Neustädter Schloss bis 1735. Danach zogen sie um ins Schweriner Schloss.

Später richtete man Wohnungen in den Schlossräumen ein.

Nach dem 2. Weltkrieg zogen Ausgebombte und Flüchtlinge ein. Zur Zeit der DDR, gab es dort eine Schule und eine Bibliothek. Später kam eine Mittagsküche für Arbeiter und Schüler hinzu. Leider verfiel es dann mehr und mehr. Das Schloss sackte ab, es bildeten sich Risse im Gemäuer. Gespannte Netze verhinderten Unfälle, damit der sich lösende Stuck nicht den Schülern und Lehrern auf die Köpfe fiel.

Nach 1990 gab es aufwendige Sanierungen. Heute ist es ein wunderbares Schlosshotel. Die Stuckdecken sind alle von polnischen Spezialisten restauriert worden und haben ihren Reiz zurück erhalten. Leider konnten die Kamine aus Statikgründen nicht erhalten werden, sie wurden innen vermauert. Aber ihr Schmuck ist geblieben und sehr sehenswert. Risse bilden sich leider weiterhin in einigen Wänden und man kann an einigen Stuckbordüren erkennen, wie sich das Schloss weiterhin bewegt. Ich hoffe sehr, das man es dennoch erhalten kann.

Das Schloss von außen

Gehen Sie rein und sehen sich einfach die Decken in der heutigen Rezeption oder den Nebenräumen an.

Als ich 2023 mich in dieses Hotel einmietete, bekam ich wahre Gemächer. Vom Bett aus konnte ich in aller Ruhe die Stuckdecken betrachten. Einfach wunderbar! Gerne komme ich wieder. Mein Lieblingsplatz befindet sich hinter dem Schloss. Die spärlichen Reste des einstigen Schlossparks sind durch das Flüsschen Elde getrennt. Ich kann heute stundenlang dort sitzen und einfach den Anblick genießen.

Wer genau auf die Pfeiler am Schloss blickt, vorne und hinten, entdeckt eine eher wüste Ausführung. Diese wurden einfach nicht mehr fertig gestellt und wurden in einem Stadium belassen, vor deren Ausarbeitung. Das wirkt etwas plump, aber wenn man weiss warum, hat es so einen eigenen Charme.

Heute kann man sich im Restaurant verwöhnen lassen und einfach die Ruhe dieses Ortes genießen. Ich liebe es sehr und werde sicher wieder kommen!

Ich stehe vor dem Schloss

Das Niederländische Palais in Berlin

1713 bekam der General Christian von Linger das Grundstück vom König Friedrich Wilhelm I. geschenkt. Er behielt es nicht selbst, sondern verkaufte es an den Kriegsrat Burckhard Ludwig Schmidt im Jahr 1750. Es war wohl bebaut, die alten Häuser wurden entfernt und das Grundstück geteilt. Zwischen 1753 und 1758 entstand ein Gebäude mit drei Etagen. 1755 gehörte es dem königlichen Amtmann Johann Wilhelm Steinert, dem Kaufmann und Bankier Martin Schultze 1758 und 1771 dem königlichen Hofrat Ernst Friedrich Bodenhaupt.

Durch Minister Friedrich Christoph von Görne wurde nach 1775 die Fassade verändert und ein Treppenhaus erneuert, so entstand ein vornehmes Stadtpalais im Stil vom Rokoko zum Zopfstil. Leider konnte der Besitzer es nicht behalten, da sein Vermögen 1782 eingezogen wurde um Geschädigte zu versorgen. Das Haus wurde versteigert und wurde vom Kriegsrat Johann Hieronymus Edler von Graeve übernommen.

1786 kaufte der König Friedrich Wilhelm II. das Palais für seinen Sohn Alexander Graf von der Mark. Es war der gemeinsame Sohn mit seiner Geliebten Wilhelmine Rietz geb. Enke, der späteren Gräfin Lichtenau. 1787 verstarb der Sohn und sein Mutter erbte das Palais. 1787 bis 1794 wurde es nun umgebaut und galt fortan als Berliner Residenz der Gräfin Lichtenau. Mit dem Tod Friedrich Wilhelms II. verlor die Gräfin das Palais und Vermögen durch den preußischen Staat. Der Sohn des Königs, Friedrich Wilhelm III., entzog der Geliebten des Vaters das ganze Vermögen! Sie fiel in Ungnade.

1798 übergab der neue König das Palais als Geschenk an die Armendirektion, welche es zeitweilig an die britische Gesandschaft vermietete. 1803 kaufte der niederländische Erbprinz Wilhelm I. mit seiner Frau Luise das Palais auf Raten. Dort lebte er mit seiner Familie bis zur Jahreswende 1813/1814. Seitdem wurde es „Niederländisches Palais" genannt.

1840 dankte Wilhelm ab und lebte nun in Berlin. Bis zu seinem Tod behielt er das Palais als Wohnung. Dann erbte sein 2. Sohn Prinz Friedrich das Palais und nutzte es stets bei Besuchen in Berlin mit seiner Frau Luise von Preußen. 1881 verstarb er und seine Enkelin, die dänische Kronprinzessin Luise von Schweden-Norwegen, erbte das Palais. 1883 verkaufte sie das Palais an den preußischen Fiskus.

An der Stelle stand früher das Palais

Durch einen Tausch bekam Kaiser Wilhelm I. das Eigentum am Palais und verband es mit dem Kaiser-Wilhelm. Palais nebenan.

Im 2. Weltkrieg wurde das Gebäude stark beschädigt, stürzte teilweise ein. Galt aber 1945 als wiederaufbaufähig. Es wurde von der sowjetischen Besatzungsmacht enteignet. In die Ruine zogen nun Dienststellen und die Progress Filmillustrierte ein.

1950 wurde das Palais abgetragen, ein Wiederaufbau war beabsichtigt. 1963 wurden auch die Reste abgerissen um für einen Stahlbetonbau Platz zu schaffen.

Seit 2004 erinnert nun eine Gedenktafel an das frühere Palais Unter den Linden 11.

Das Schloss Bellevue in Berlin

Nachdem das Gelände des Tiergartens lange als Meierei, Seidenraupenzucht u. a. genutzt wurde, konnte Prinz Ferdinand das Gelände erwerben. Im Frühjahr 1785 begannen die Vorbereitungen für einen Schlossneubau dort. Am 30. April fand die Grundsteinlegung statt, bereits 3 ½ Monate später, im August 1785, wurde das Richtfest gefeiert. 1786 wurde ein linker Flügel des Schlosses errichtet. So entstand nach und nach eine Schlossanlage, welche immer mehr vom eigentlichen Plan abwich. Denoch erhielt sie zwei Seitenflügel am eigentlichen Corps de Logis, welche einen Ehrenhof umschließen. 1786 – 1787 wurde der Bau soweit fertiggestellt.

In großen vergoldeten Gipsbuchstaben erscheint bis heute der Name des Schlosses „Bellevue". Eine frühklassizistische Dreiflügelanlage war entstanden. Bis ins Jahr 1813 nutzte der Prinz Ferdinand mit seiner Familie das neue imposante Schloss. Nach seinem Tod, 1813, lebte sein Sohn Prinz August von Preußen dort.

1843 fiel das Anwesen durch Erbschaft an den König Friedrich Wilhelm IV. 1844 wurde in einem Flügel ein Museum für zeitgenössische Kunst eingerichtet. Dieses verblieb bis 1865 dort. Bis in das Jahr 1918, bis zum Ende der Monarchie, nutzte der Hof das Schloss.

Während des 1. Weltkrieges tagte die Oberste Heeresleitung im Schloss, danach stand es leer und wurde erst ab 1929 als Bürogebäude, Volksküche und Ausstellungshalle genutzt.

Im Jahr 1938 baute man das Schloss zu einem Gästehaus der Reichsregierung um. Im Park befand sich lange eine Art Ersatzbau, den bis zur völligen Kriegszerstörung der Schauspieler, Regisseur und Generalintendant Gustaf Gründgens nutzte und bewohnte. 1939 zog der Reichsminister und Leiter der Präsidialkanzlei Otto Meisner ins Schloss. 1941 wurde das Schloss durch Brandbomben zerstört, erst nach dem Krieg wurden seine Reste notdürftig abgesichert.

1954 bis 1959 baute man das Schloss aus als Amtssitz für den Bundespräsidenten. 1957 wurde das Schloss zum 2. Amtssitz des Bundespräsidenten, neben der Bonner Villa Hammerschmidt. 1959 wurde der Amtsbau offiziell durch Theodor Heuss übernommen, es folgten ihm weitere Bundespräsidenten in „Bellevue".

1986 bis 1987 wurde das Schloss renoviert und nach alten Plänen rekonstruiert.

In den Jahren 2004 – 2005 wurde die Technik erneuert, nachdem es vorher zu einigen Pannen gekommen war. In der Zeit des Umbaus lebte der Bundespräsident im Schloss Charlottenburg. Es war auch das Schloss Schönhausen im Gespräch als Sitz des Bundespräsidenten. …

Vom einstigen Park haben sich nur Teile erhalten im Tiergarten, aber auch dort gibt es heute noch ganz bezaubernde Ecken, die man besuchen kann. Zur Zeit des Prinzen August soll der Park einer der schönsten Gärten Preußens gewesen sein! Der Zugang zur Parkanlage war dem Besucher meist gestattet, man sollte sich nur einer angemessenen Kleidung bedienen. Leider hielt sich auch da schon nicht jeder daran, so wurde die Öffnungszeit auf die Zeit bis abends 20 Uhr beschränkt. Einige Personen bekamen Sondergenehmigungen den Park immer zu betreten, einer davon war Alexander von Humboldt.

1865 zogen Herzog Wilhelm von Mecklenburg-Schwerin und seine Gemahlin Alexandrine ins Schloss. Zu dieser Zeit gab es noch einmal eine fürstliche Hofhaltung. Es sollen mehr als 100 Personen im Schloss gelebt haben. Jetzt wurde der Park für Besucher gesperrt.

Ab 1881 , nach dem Auszug des Hofes, zog der Kronprinz Friedrich Wilhelm (späterer Kaiser Friedrich III.) ins Schloss. Danach wurden einige Hochzeitsfeierlichkeiten in Bellevue gefeiert, dann zog man ins Stadtschloss um. Die Industriestadt Berlin wuchs zu dieser Zeit enorm, Auch im Umfeld von Bellevue entstanden Fabrikanlagen. 1888 trat Wilhelm II. seine Regierungszeit an. Im Winter nutzten die Söhne des Kaiserpaares das Schloss. 1889 logierte der Schah von Persien mit seinem Gefolge auf eine Einladung des Kaisers in Bellevue. Zur Hochzeit der Prinzessin Margarete von Preußen diente das Schloss als Gästehaus. Es erfolgten immer wieder Renovierungsarbeiten durch den Kaiser veranlasst.

1914 zog Auguste Victoria, genannt Dona, in das Schloss. Der Kaiser hielt sich hin und wieder dort auf, wenn er in Berlin weilte. Dies geschah bis zur Abdankung des Kaisers 1918 und seinem Umzug ins Exil nach Doorn bei Utrecht. Das Schloss Bellevue wurde vollkommen ausgeräumt, die Möbel und andere Kostbarkeiten gelangten zum Kaiser ins Exil.

Blick zum Schloss Bellevue

Das Schloss hatte nun seine Bedeutung verloren, lange wurde eine neue Nutzung beraten. Es wurde sogar über einen Abriss aus Kostengründen nachgedacht für einen Hotelneubau auf dem Platz.

1922 fand eine größere Ausstellung der Deutschen Gartenbaugesellschaft dort statt. 1929 bis 1933 zog die „Große Berliner Kunstausstellung" in das Schloss. Seitenflügel und Nebenbauten wurden vermietet. 1935 wurde die volkskundliche Sammlung im Schloss präsentiert, dazu wurden einige Teile umgebaut. Bald darauf entstanden Pläne zur Einrichtung eines Reichsgästehauses im Schloss. Wenn man heute alte Fotos betrachtet, erdrücken einen die massiven Veränderungen der Zeit.

Am 10. April 1945 wurde das Schloss und seine Nebengebäude von Brandbomben zerstört. Es brannte aus.

Nach dem Krieg kam es erneut zu Überlegungen was man mit der Ruine machen sollte. Zumal diese auch in die nationalsozialistische Zeit mit verstrickt war. 1948 wurde der Seitenflügel notdürftig hergerichtet, es entstanden 21 Wohnungen. Ein Teil des Mittelbaus stürzte ein, obwohl auch er teilweise bewohnt wurde im Jahr 1950.

1949 gründete sich die DDR, es folgte eine Trenung von Ost und West. 9 Jahre nach dem Kriegsende fiel die Entscheidung zum Wiederaufbau des Schlosses. 1954 wurde das Richtfest gefeiert, eine genaue Planung zur späteren Nutzung gab es noch nicht. Im Umfeld des Schlosses, im früheren Park, wurde das sogenannte Teehaus errichtet, auf den Fundamenten der früheren Gründgens Villa.

1959 wurde das sanierte Schloss Bellevue vom damaligen Regierenden Bürgermeister Willy Brand an den Bundespräsidenten Theodor Heuss übergeben. Eine neue Phase der Nutzung des Schlosses begann, die bis heute anhält.

Der größte Teil des Schlosses ist heute eingezäunt, aber an der Seite des Tiergartens, unweit der Spreebrücke, hat man einen schönen Blick auf die Anlage. Hier finden sich immer Besucher ein um zu fotografieren. Vom S-Bahnhof Bellevue läuft man ein kleines Stück am Wasser entlang. Das Schloss strahlt heute hell und freundlich dem Besucher entgegen.

Das Schloss Charlottenburg in Berlin

In den Jahren 1695 – 1699 wurde ein Schloss außerhalb des Berliner Stadtgebietes mit dem Namen Lietzenburg errichtet. Die 2. Gemahlin Friedrichs III., dem späteren König von Preußen Friedrich I., Sophie Charlotte von Brandenburg ließ es erbauen. Als ihr Mann 1701 zum König von Preußen wurde, und sie in den Rang einer Königin erhoben wurde, reichte das Schlösschen bald nicht mehr aus um ihre Repräsentationspflichten erfüllen zu können.

1701/02 wurde die Längsachse des Schlosses verlängert, in Anlehnung an das Versailler Schloss. Das Schloss diente jetzt als persönliches Refugium und war kein offizieller Sommersitz mehr. Dazu diente fortan das Berliner Stadtschloss. Als die Königin Sophie Charlotte 1705 überraschend im Alter von 37 Jahren verstarb, nannte der König das Schloss um in „Charlottenburg". Er machte das Schloss zu seiner bevorzugten Nebenresidenz im Andenken an seine Gemahlin bis zu seinem Tod im Jahr 1713.

Jetzt übernahm der Sohn Friedrich Wilhelm I. die Regierung. Er ging als knausriger „Soldatenkönig" mit einigen Spleens wie sein Tabakskollegium und seine Vorliebe für die „langen Kerls" - seine Garde, in die Geschichte ein. Er ließ alle Bauarbeiten stoppen am Schloss Charlottenburg, ließ bestenfalls Ausbesserungen vornehmen. Er hatte wenig Einfühlungsvermögen weder für sein Volk, noch für seinen Sohn Friedrich II., der besonders unter dem Vater zu leiden hatte.

Erst ab 1740, als Friedrich II. die Regentschaft übernahm, ging es auch mit dem Schloss Charlottenburg wieder bergauf. Friedrich II. bevorzugte Schlösser, die sein Vater nicht sonderlich beachtet hatte. 1740 bis 1742 wurde sogar ein Appartment für die Ehefrau von Friedrich II. im Schloss Charlottenburg eingerichtet. Aber ob die Königin Elisabeth Christine diese jemals nutzte, bleibt ein Rätsel. Wurde sie doch auf ihr Schloss Schönhausen verbannt. 1742 gab es 2 Wohnungen für Friedrich dem Großen in Charlottenburg, auch wenn er sich meist in Potsdam aufhielt.

Der Neffe von Friedrich II. wurde sein Nachfolger und ließ sich 1788 eine Sommerwohnung im Erdgeschoss des Neuen Flügels im Schloss Charlottenburg einrichten. Friedrich Wilhelm II. hielt sich mit seiner Geliebten, der Gräfin von Lichtenau (ehemalige Wilhelmine Enke) gerne dort auf. Sie bezog die ehemaligen Räume der Königin Elisabeth Christine.

Straßenblick auf Schloss Charlottenburg

In dieser Zeit entstanden 1788 das Theater und das Belvedere im Schlosspark. Im Belvedere fanden damals spiritistische Sitzungen statt. Der Bau ist heute noch sehr imposant, aber zur Zeit leider aus angeblich technischen Gründen nicht zu besichtigen.

1797 wurden relativ einfache Wohnungen in Charlottenburg eingerichtet für König Friedrich Wilhelm III. und seine Frau, die beliebte Königin Luise. Sie bezog die Winterkammern ihres Schwiegervaters im Obergeschoss des Neuen Flügels. Ihr Mann bezog das Apartment der Königin Elisabeth Christine und der Gräfin Lichtenau im Obergeschoss des Neuen Flügels. Bereits 1810 verstarb die Königin Luise mit 34 Jahren. Im Schlossgarten ließ ihr Witwer ein Mausoleum für sie errichten, welches heute weiteren königlichen Häuptern als Ruhestätte dient.

Nach 14 Jahren Trauer heiratete Friedrich Wilhelm III. die Comtesse Auguste von Harrach. Da sie nicht standesgemäß war, gab es erst einige Probleme, die man aber bald überwinden konnte. 1840 verstarb Friedrich Wilhelm III.

Der Neue Flügel mit Apartment Königin Luise

Der Nachfolger Friedrich Wilhelm IV. und seine Gemahlin Elisabeth halten sich während der Revolutionszeit ab 1848 oft in Charlottenburg auf. 1861 verstarb Friedrich Wilhelm IV., seine Witwe nutzte das Schloss bis 1873, zu ihrem Tod.

Der Bruder, Wilhelm I., trat die Nachfolge an. Er war seit 1871 Deutscher Kaiser mit seiner Gemahlin Augusta. Beide hatten nur wenig Interesse an Charlottenburg, wurden aber nach deren Tod 1888 und 1890 als erstes deutsches Kaiserpaar im Mausoleum beigesetzt. Danach bewohnte der Sohn, Kaiser Friedrich III., mit seiner Gemahlin Victoria nur kurz das Schloss. Er ging als der „99 Tage Kaiser" in die Geschichte ein, da er früh seinen gesundheitlichen Leiden erlag.

Nach all den Persönlichkeiten hatte das Schloss nun als Residenz oder persönliches Refugium ausgedient. Man nutzte es nur noch für Empfänge und Feste.

Ich vor dem Neuen Flügel

Heute befindet sich auch diese Schloss-anlage in der Verwaltung der Preußi-schen Schlösser und Gärten, was ein Segen für das Anwesen ist. Ich besuchte das Schloss und den Park im Juni 2023, einmal im Stil des Rokoko und einmal im Stil des Empire der Königin Luise. Es ist ein Gefühl der Demut, die einstigen Räume der Königin zu betreten. Man-cherorts gehen die Energien der ver-schiedenen Nutzer durcheinander.

Was einst weit außerhalb vor den Toren Berlins lag, befindet sich heute mitten-drin. Die Stadt ist gewachsen und wächst weiter.. Wir sollten in der heutigen Hek-tik einfach öfter inne halten und einer

Zeit gedenken, als die Uhren oftmals noch anders tickten.

Der Park lädt zum Verweilen ein, zum staunen, aber auch zu einer ganz per-sönlichen Zeitreise. Ich komme wie-der!

Beim wandeln im Park

Das Schloss und der Park Altjessnitz

1694 kaufte Hans Adam Freiherr von Ende das bestehende Rittergut von den Herren von Reppichow. Er ließ es zu einem Familienlandsitz im Stil des späten Barock ausbauen. 1699 wurde mit dem Bau des Schlosses begonnen. 1737 wurde es weiter ausgebaut und ein Seitenflügel angebaut. Ungefähr zur selben Zeit entstand eine Gartenanlage, welche durch seinen Irrgarten und andere Gestaltungselemente wie Skulpturen, exotische Kübelpflanzen und anderes bekrönt wurde.

Der Besitz wurde durch ein Majorat, immer an den Erstgeborenen vererbt. Otto Freiherr von Ende, verheiratet mit Charlotte Fitz-Gerald, war sächsischer Kammerherr und führte das Gut, bis sein Sohn Heinrich Freiherr von Ende das Anwesen übernahm. Dieser war Schlosshauptmann von Dessau und mit Klara von Berenhorst verheiratet.

Das Gut war solide und überstand auch größere Krisen. Der letzte Grundbesitzer war Hans-Adam Freiherr von Ende. Zuletzt lebte er mit seiner Familie in Köthen, seine Frau Margarethe Freiin von dem Bussche-Lohe, verblieb dort auch nach 1956.

1946 zerstörte ein Brand die größten Teile der Schlossanlage. In den Folgejahren wurde es nach und nach abgebrochen! 1973 wurde der noch erhaltene Seitenflügel abgerissen und letzte Schlossreste 1975 gesprengt.

Heute sind nur noch Gutsnebengebäude , wie die einstige Toreinfahrt mit dem Turm erhalten. Den Standort des Schlosses kann man heute nur schwer ausmachen, es soll sich an die erhaltenen Reste angschlossen haben.

Ich besuchte im Juli 2023 das erste Mal Altjessnitz im Rahmen des „Barocken Gartentages". Eine Straße trennt heute den Zugang zum Park mit dem Irrgarten von den Resten des ehemaligen Gutes. Bei einem Spaziergang konnte man einige alte Bausubstanz ausmachen, die dem früheren Gut zugehörig war. Am Standort des Schlosses findet sich heute kein Hinweis darauf, ein Parkplatz und ein Toilettengebäude müssen sich wohl auf dem ehemaligen Areal befinden.

Geht man durch die einstige Toreinfahrt, steht man hinter einem wohl noch bewohnten Gebäude. Alte Wirtschaftsgebäude führen einen zurück an den einstigen Standort des Schlosses.

Blick auf Reste der alten Bebauung und Toreinfahrt

Im Park findet man eine sehr alte Kirche vor, es stehen einige sehr alte Bäume und man entdeckt etwas versteckt die Begräbnisinsel der Familie von Ende. Den Park zu besuchen lohnt sich auf alle Fälle, auch wagte ich mich einen kurzen Weg in den Irrgarten hinein. Vielleicht komme ich wieder einmal vorbei, zu einer Veranstaltung?

Altjessnitz befindet sich nördlich von Bitterfeld-Wolfen und südlich von Dessau-Roßlau. Ohne Auto wohl kaum zu erreichen, ich hatte das Glück, dass mich eine Freundin zum Fest mitgenommen hat.

Erhaltener Trakt von hinten

Noch einmal - das Dessauer Residenzschloss

Ich hatte das Schloss schon einmal thematisiert und besucht, als ich es 2023 nocheinmal aufsuchte. An seiner Stelle befand sich um 1350 etwa eine Burg, die Burg Waldersee, welche gerade erbaut worden war. 1405 und 1467 brannten Teile eines neuen Schlosses ab, welche jeweils wieder neu errichtet worden sind. 1571 bis 1580 wurde der heute noch erhaltene Teil, der Johannbau, ausgebaut. Lange galt die Anlage als eine 4 Seiten Anlage.

1708 wurde der Nordflügel abgerissen und es wurde zu einer 3-Seiten-Anlage. 1748 bis 1753 gestaltete Georg Wenzeslaus von Knobelsdorff die Anlage um. 1777 errichete Friedrich Wilhelm von Erdmannsdorff einen Theaterbau in der Schlossanlage aus Holz.

1812 bis 1813 wurde der Westflügel ausgebaut und aufgestockt. 1830 bezog man den Theaterraum mit ein in die herzoglichen Räume. 1874 entstand ein weiterer Treppenturm im Stil der Neoranaissance. 1875 entstanden die schmiedeeisernen Tore für das Schlossumfeld, welche heute wieder vorhanden sind. Es muss ein beindruckender Schlossbau gewesen sein, alleine von seinen Ausmaßen her.

Am 7. März 1945 wurde das Schloss durch den schwersten der Luftangriffe sehr stark beschädigt. Der Ost– und der Südflügel wurden vollständig zerstört. Diese zerstörten ausgebrannten Flügel wurden nach dem Krieg gesprengt, nur der Johannbau blieb als Ruine erhalten. In der DDR wurde er unter Denkmalschutz gestellt. Aber erst 1957 bekam er eine Notbedachung, was seinem Erhalt nicht gerade förderlich war.
Da das Landestheater Dessau Teile der Ruine als Kulissenlager nutzte, blieb es wohl überhaupt erhalten.

1990 – 1997 und 2001 – 2005 wurde der Johannbau saniert, Rundbogengiebel wurden wieder hergestellt. Von den Innenräumen konnte nichts mehr erhalten werden, neue Decken und Wände wurden eingezogen. August 2005 konnte der Bau der Öffentlichkeit übergeben werden, es entstand ein Museum für Stadtgeschichte in seinem Inneren.

Der Umbau des Museums ist gelungen, wenn man bedenkt, das keine historischen Räume mehr erhalten waren. Die Themen des Museums sind sehr vielfältig, aber ein

Restaurierter Blick auf Johannbau

großer Teil ist der Schlossgeschichte gewidmet. Hier kann man sich das Schloss vor der Kriegszerstörung ansehen und ist verwundert über seine einstige Größe.

Aber auch die Rolle Dessaus in der Zeit des Nationalsozialismus ist thematisiert. Noch immer wissen einfach zu wenige, das das Schädlingsbekämpfungsmittel „Zyklon B" zwar über Frankfurt/Main vertrieben wurde, aber hergestellt wurde es in einer kleinen Zuckerraffinerie in Dessau! (Diese wurde in der DDR Zeit weiter als Zuckerfirma geführt … bekommt da keiner Bauchschmerzen bei dieser Erkennnis?) Das Produkt „Zyklon B" war eine Art Abfallprodukt, welches in den Vernichtungslagern für die Massenmorde benutzt wurde. Leider noch heute ein kaum beachtetes Kapitel. Vor einigen Jahren entstand in der Nähe der einstigen Fabrik ein Gedenkort auf einer Brücke. Aber ob es den heute noch gibt, kann ich leider nicht mit Sicherheit sagen. Er war von vornherein ein gutes Signal das endlich etwas getan wurde, aber unzureichend war es trotzdem. Es gab keine Informationen oder Hinweise auf die nahegelegene Fabrik.

Mit den schmiedeisernen Gittern am Johannbau, von den beiden anderen Seiten des Schlosses ist nichts mehr zu sehen.

Seit meinem letzten Besuch in Dessau hat sich viel getan. Das Museum wurde ausgebaut aber auch das Umfeld des Johannbaus wurde verschönt mit den schmiedeisernen Gittern, der Brunnen wurde bepflanzt und es entstanden Stühle und Liegen vor dem einstigen Schlossteil. Diesmal war es aber so warm bei meinem Besuch, das ich die Klimaanlage des Museums besonders genoss.

Unweit des einstigen Schlosses befand sich der früere Lustgarten. Heute erinnern nur noch die Straßennamen „Am Lustgarten", „Schlossplatz" und „Schlosstraße" an die einstige Nutzung. Ein Reklameschild für ein Restaurant zeigt wie es einmal ausgesehen hat, leider ist davon gar nichts mehr vorhanden. Neubauten in Plattenbauweise säumen den restlichen Schlossbereich. Mir verpasst soetwas immer einen Stich in der Herzgegend. … Aber ich kann auch die Mieter nachvollziehen, die sich über moderne Wohnungen freuten.

Das Gutshaus in Wörlitz – in der Stadt

Bei einem abendlichen Spaziergang durch die Wörlitzer Stadt, entdeckte ich im Juli 2023 das Gutshaus. Ich sah es und etwas zog mich sofort in seinen Bann, noch bevor ich das Hinweisschild lesen konnte. Ich fühlte eine historische Energie, eine Präsenz.

1548 gehörte das frühere Anwesen einem Ernst von Creutz. Johann Georg I. übernahm es 1603 in seinen fürstlichen Besitz und nutzte es bei Jagden. Zu dieser Zeit waren dort die Schweißhunde untergebracht. Von 1770 bis 1790 nutzte man das Gebäude als Amt. 1795 wurde durch den Fürsten Leopold III. Friedrich Franz dort ein Wohnhaus erbaut für Frau von Behringer. Frau von Behringer war die frühere Leopoldine Luise Schoch, welche 1801 geadelt wurde. Sie lebte in sogenannter morganatischer Ehe mit dem Fürsten Franz zusammen. Sie war die Tochter des Gärtners, also war nicht standesgemäß, wurde also von der Mätresse zur „Frau zur linken Seite"des Fürsten. Gemeinsam hatten sie 3 Kinder. Nach dem Tod der Frau von Behringer, erbte die Tochter Adelheid von Glaffey das Anwesen. Der Fürst Leopold III. hatte mit seinen Nebenfrauen einige nicht erbberechtigte Kinder. Mit seiner Gemahlin Luise von Brandenburg-Schwedt hatte er 2 offizielle Kinder. 1872 wurde die Landwirtschaft auf dem Anwesen des einstigen „Gutshauses" beendet.

Blick zum Gebäude von der Straße aus

Das „Gelbe Haus" in Wörlitz

Es wurde wohl um 1700 errichtet und wurde als fürstliches Jagdhaus genutzt. 1760 wurde es umgebaut und diente dem Fürsten Leopold III. Friedrich Franz als Wohnung in der Zeit vor und während des Schlossbaus ganz in der Nähe. 1778 bis 1785 gab es im Gebäude ein Schullehrerseminar. Um ca. 1790 entstanden die Stallgebäude auf dem Gelände. Bis etwa 1906 war in dem historischen Gebäude eine Oberförsterei untergebracht, andere Teile des Hauses diente als Wohnungen und Wirtschaftsgebäude.

2004 wurde das Anwesen durch das Fachwerkzentrum Quedlinburg e. V. und die Kulturstiftung Dessau-Wörlitz begutachtet. Man entschied sich zu einer fachgerechten Sanierung mit dem Schwerpunkt junger Menschen. Es ergab einen Koopertionsvertrag und es bleibt spannend wie sich die Sanierung gestalten wird. Es freut mich immer sehr, wenn damit alte Substanz erhalten werden kann.

Bei meinen letzten Besuchen war das Gebäude teilweise verfallen und harrte auf die Entdeckung seiner Geheimnisse. Mich zog das Gebäude stets an und ich freue mich sehr, wenn ich seinen Fortschritt beobachten kann.

Aufnahme von der Seite

Aufnahme von der Seite

Das Schloss und der Park Georgium in Dessau

Unweit des heutigen Hauptbahnhofs in Dessau findet man einen Landschaftspark im englischen Stil vor. Er wurde von Prinz Johann Georg, dem jüngeren Bruder von Fürst Leopold III. Friedrich Franz von Anhalt – Dessau erbauen lassen und wurde nach ihm benannt.

1780 ließ der Prinz ein klassizistisches Schlösschen errichten und einen Park im Stil des Wörlitzer Parks. Als hight ligts wurden Denkmale, Skulpturen, Ruinen und Tempel im Park drapiert und so einige beeindruckende Sichtachsen geschaffen. An diese Anlage grenzt heute der Mausoleumspark, welcher 1894 bis 1896 errichtet wurde. Darüber habe ich bereits in einem anderen Teil berichtet. Nach dem Tod des Erbprinzen, ließ Erbprinzessin Elisabeth einige Teile umgestalten. So entstanden die beiden Seitenflügel des Schlosses in dieser Zeit.

In der DDR wurde das Schloss als „Pionierhaus"genutzt, geplant war auch eine Pioniereisenbahn im Park, die aber nie ausgeführt worden ist.

Straßenblick zum sanierten Schloss

Heute soll sich nach aufwendiger Restaurierung und Sanierung wieder die Gemälde-galerie im Schloss befinden. Dort ist sie seit 1959. Bei meinem Besuch Juli 2023 stand ich am Eingang, im Seitentrakt des Schlosses. Es zog mich nicht hinein, da das Wetter zu schön war. Schade eigentlich. Der Besuch war erstmal den Außenanlagen des Parks gewidmet.

1945 wurden einige der Kunstschätze des Schlosses durch die Rote Armee beschlag-nahmt, Teile davon kamen inzwischen zurück.

Ich spazierte erst auf das Schloss zu und folgte dann der Straße hinter dem Park „Am Georgengarten" und fand dort schöne Sichtachsen auf das sanierte Schloss und etwas weiter auf den römischen Tempel. Von außen blickt man auf die 7 Säulen, die in den Parl hinein führen. Ich habe noch nicht alles gesehen, werde aber sicher wieder kom-men.

Straßenblick zum ionischenTempel im Park

Einer der Eingänge in den Park, hier mit 7 Säulen

Das Palais Minckwitz in Dessau

1708 hatte der Fürst Leopold I. von Anhalt-Dessau den Baugrund für das Palais erworben. Er hatte eine Liaison mit Sophie Eleonore Söldner, welcher er einen passenden Ehemann aussuchen musste. Diesen fand er in dem Adligen Rode. Ab 1745 wurde das Palais errichtet. Das Paar zog nach dem Tod des Fürsten ins 13 km entfernte Aken, das bereits zu Preußen gehörte.

Das Palais in Dessau wurde an den Forstexpectanten Friedrich Wilhelm Bock verkauft. 1800 verstarb dieser , es erwarb ein Oberamtmann Ernst Holzhausen das Anwesen. Dieser baute es etwas um, eine Tordurchfahrt wurde überbaut, und ein kleiner Theatersaal entstand. Die Fassade wurde umgestaltet, einiger Schmuck ging verloren.

1820 kaufte Ludwig Nicolaus Friedemann Hunold, Hofbildhauer und Schüler des bekannten Schadows (Zur Erinnerung, die Prinzessinnengruppe der Kgn. Luise und ihrer Schwester) das Anwesen. Im Hintergebäude entstand seine Werkstatt. Nach deren Tod, 1840, kaufte eine Familie von Harling das Anwesen als Mitgift für die Tochter. Es gelangte später als Erbe an die Familien von Minckwitz und Digeon von Monteton bis 1993.

2004 kaufte es Carl Ludwig Fuchs. Kunsthistoriker aus der Familie der ersten Besitzer zurück und sanierte es fachgerecht. Es soll heute als Wohnsitz des Chefs des herzoglichen Hauses Anhalt-Askanien dienen.

Den Krieg hatte das Anwesen und sein Umfeld fast unbeschädigt überstanden.

Geht man heute an dem Haus vorbei, springt einem das alte Palais rasch ins Auge. Es befindet sich gleich an einer Kirche des Neumarktes. Mich zog es an und ich genoss es einfach mir dort die früheren Zeiten vorzustellen.

Straßenblick zum einstigen Palais Minckwitz

Die Villa Wild am Berliner Wannsee

Ab dem Jahr 1875 entstand die Villen Kolonie am Wannsee. Als erste entstand die Villa Wild. Der Lampenfabrikant Emil Wild hatte ein großes Gelände am Berliner Wannsee gekauft, welches durch die Anbindung der Wannseebahn 1874 gut mit Berlin verbunden war. Emil Wild und Wilhelm Wessel hatten 1855 in Berlin eine Lampenfabrik gegründet und ein erstes Patent angemeldet. 1896 verstarb Emil Wild, sein Geschäftspartner Wilhelm Wessel folgte ihm zwei Jahre später. Die Frabrik wurde an die Söhne der beiden vererbt.

1915 verkaufte die Familie Wild die Wannseevilla an den Kommerzienrat Dr. h. c. Julius Gebauer. Dieser war der Inhaber einer Maschinen- und Textilverarbeitungsfabrik in Charlottenburg. In seiner Zeit wurden die Terassen der Villa verglast und eine neue Heizung eingebaut. Von 1920 bis 1945 lebte Julius Gebauer in der Villa. Nach dem Krieg verkaufte er sie an das „Volkskommisariat für Außenhandel der UdSSR" obwohl diese nun im amerikanischen Sektor lag. 1937 erging eine Verordnung zur Neugestaltung der Reichshauptstadt Berlin. Die Villen sollten abgerissen werden. Dieses wurde durch den Krieg verhindert.

Im Jahr 1947 entzog die amerikanische Verwaltung den russischen Besitzern die Verfügung, es folgte daher eine Verwaltung über Treuhänder vom Senat Berlin. 1957 mietete der Verein „Haus der Zukunft" das Gebäude und widmete sich den historischen Hintergründen der deutschen Teilung. Bodo Köhler, der Leiter des Vereins, half als Fluchthelfer aus dem Osten Berlins. 1963 wurde das Haus geschlossen. Der Altverleger Maxim pachtete die Villa und versuchte damit den Verfall zu stoppen. Er vermietete Zimmer an Studenten des Otto-Suhr-Instituts.

Ab 1964 gelangte die Villa in den Besitz des Landes Berlin. 1975 war diese sehr stark sanierungsbedürftig und stand sogar vor dem Abriss. Die Dampferanlegestelle in der Nähe sollte ausgebaut werden. Im gleichen Jahr übernahmen der Architekt Dr. Dieter Hundertmark und seine Frau Barbara Hundertmark die Villa. Sie sanierten sie denkmalgerecht und gestalteten sie um in ein Mehrfamilienhaus. Der Denkmalschutz verhinderte neue Abrissgedanken.

Blick zur ehem. Villa Wild

Seit 2019 sind Dagmar und Beata Hundermark die Eigentümerinnen der Villa. Sie begannen die Geschichte des Gebäudes aufzuarbeiten und eine Sammlung von Petroleumlampen entstand um das Erbe Emil Wilds zu erhalten.

Ich entdeckte die Villa eher per Zufall, als ich an der Bushaltestelle auf den Bus zur Pfaueninsel wartete. Der heutige Park auf der Anhöhe zog mich magisch an mit dem Standbild der Borussia. Dort entdeckte ich dann die danaben liegende Villa. Man hat von dort einen schönen Blick über den Wannsee.

Die Pfaueninsel bei Potsdam

Schon sehr früh wurde die waldreiche Insel genutzt, was Ausgrabungspfunde belegen. Im 17. Jahrhundert nutzte sie der Große Kurfürst zur Kaninchenhaltung. Daher stammt der Name „Kaninchenwerder". 1685 bekam der Glastechnologe Johann Kunckel die Insel geschenkt vom Kurfürsten, um dort seinen Forschungen nachgehen zu können. Er stellte Goldrubinglas her. Nach dem Tod des Kurfürsten fiel Kunckel in Ungnade, das Laboratorium auf der Insel ging durch Brandstiftung verloren. Das Gut Bornstedt übernahm die Insel.

Als Friedrich Wilhelm II. den Park am Neuen Garten anlegen ließ, fiel sein Blick wohl auf die Sichtachse nach „Kaninchenwerder". Sie schien in ihm Sehnsüchte auszulösen und er wollte dort seine Träume verwirklichen. 1794 begann man mit dem Bau des Schlosses auf der Pfaueninsel und stellte es im selben Jahr fertig. 1795 war auch die Innenausstattung beendet.

Zur selben Zeit entstand am Ostufer der Insel die Meierei, welche ein „eingefallenes gothisches Gebäude" darstellen sollte. Man nannte in dieser Zeit die Insel um in „königliche Pfaueninsel" und siedelte dort Pfauen an.

1797 verstarb Friedrich Wilhelm II. , sein Nachfolger Friedrich Wilhelm III. und seine Gemahlin, Königin Luise, zogen sich gerne auf die Insel zurück. 1802 wurde ein rotes kapellenartiges Gebäude errichtet im Umfeld der Meierei. Erst war es ein Kälberstall, aber 1826 wurde es in eine Wohnung umgebaut. 1803/04 wurde ein Kavalierhaus erbaut. Erst war es die Wohnung des Gärtners. Einige Räume des palaisartigen Gebäudes wurde von der königlichen Familie als Sommerwohnungen genutzt. Ab 1816 entschloss sich der König im Sommer eine Zeit lang auf der Insel zu wohnen. Jetzt wurden einige landwirtschaftliche Flächen in einen Landschaftsgarten verwandelt. 1821 wurde der Rosengarten angelegt.

Friedrich Wilhelm III. liebte exotische Tiere, es kamen nun immer mehr auf die Insel. Eine kleine Menagerie entstand zwischen dem Kastellhaus und dem Schloss. 1824 wurde ein Adlerkäfig errichtet, ein Affenhaus und eine Vogelvoliere. Um das Jahr 1832 sollen sich 847 exotische Tiere auf der Insel befunden haben.

Pfauen auf der Pfaueninsel

Das Palmenhaus nach Plänen von Schinkel wurde 1830/31 auf die Insel „gezaubert" und wies bald einen sehr ansehnlichen Bestand an Palmen auf. Leider vernichtete ein Großbrand 1880 das imposante Gebäude.

1840 verstarb Friedrich Wilhelm III. und eine weitere Entwicklung der Insel wurde gestoppt. Sein Nachfolger, Friedrich Wilhelm IV. wollte die Insel erhalten wie sie war. 1842 löste man die Menagerie auf und übergab die Tiere an den sich bildenden Berliner Zoo.

Nach 1918 konnte nur mit Mühe verhindert werden, das die Pfaueninsel parzelliert wurde für den Bau von Villen und Landhäusern. 1924 wurde diese unter Naturschutz gestellt.

Heute ist die Insel als Teil des Potsdam-Berliner Welterbes der UNESCO geschützt. Ein aktiver Schutz ist garantiert und die Besucher werden angehalten, sich in diesem Rahmen zu bewegen.

Bei meinem Besuch auf der Insel im Juli 2023, war das Schloss vollkommen eingerüstet und verhüllt. Da ich vorher noch nie dort war, war ich schon etwas enttäuscht. So waren leider auch die Sichtachsen zu der Zeit etwas „angeschlagen". Aber die Größe der Insel überraschte mich schon. Sieht man sie von außen, wird man über die wahre Größe getäuscht. Ein Besuch lohnt sich sehr, man kann nach einer Fahrt mit der Fähre, die auf mich wie eine Reinigung wirkte, bequem die Insel erkunden und entdeckt so manches Kleinod. Man kann sich ausruhen und auch etwas essen und trinken, um dann gestärkt den Weg weiter fort zu setzen. Wenn man Glück hat, trifft man auf Pfauen die ebenfalls dort in aller Ruhe spazieren gehen.

Das verhüllte Schloss

Ich komme sicher wieder, schon weil ich ja das Schloss noch nie gesehen habe. Wer viel Zeit und Ruhe einplant, der wird dort voll auf seine Kosten kommen.

Gleich in der Nähe der Anlegestelle der Fähre entdeckte ich einen alten Baum, den man mit einer Tür verschlossen hatte. Es handelt sich hier um eine 400jährige Eiche. 1830 wurde diese verschlossen und schuf so etwas Geheinmisvolles, sagenhaftes, mystisches. ...

Blick zur Meierei

Das Kavaliershaus – ein sehr imposanter Bau

Ein erneuter Besuch in Gotha

Gotha ist eine Stadt, in welcher man bei jedem Besuch Neues Interessantes entdecken kann. Man fühlt sich noch heute in eine andere Zeit versetzt, in der es weniger hektisch zuging. Man verfällt ihr nicht gleich ganz, sondern erlebt dort nach und nach so seine inspirierenden Momente. Und wenn dann auch noch das Barockfest dort stattfindet, so ist der äußere Anschein komplett.

Einige wichtige Bauten, wie das Schloss Friedenstein, das Schloss Friedrichsthal und das einstige Winterpalais hatte ich bereits in einer früheren Ausgabe thematisiert. Aber eben auch nur sehr kurz angerissen. Wer sehenden Auges den alten Straßen folgt, entdeckt mehr.

Meine heutige Entdeckungstour beginnt am Hotel am Schlosspark. Auch wenn in diesem Jahr das Barockfest ausfiel, so nutze ich doch die Gelegenheit den Ort gewandet zu erkunden. Das verhilft mir stets zu stärkeren Zugängen in die jeweilige Zeit.

Ich stehe vor dem Hotel

115

Das „Westernhagensche Palais"

Um 1600 wurde das Palais, welches sich gleich an der Wasserkunst, am Schlossberg 2 befindet, für den General von Westernhagen erbaut. 1700 erneuerte man es in der noch heute vorhandenen Form. 1641 bis 1848 wurde es zum Sitz der Ständevertretung, darauf bis 1920 zum Sitz des Landtages. Dem folgten einige Behörden. Nutzungen als Bakteriologische Untersuchungsanstalt und Hygieneinstitut folgten.

1957, 1975 und 2015 erfolgten umfassende Sanierungen. Heute schmiegt sich das frühere Palais pastellfarbig an den Schlossberg und man läuft wohl oft daran vorbei, ohne die Informationstafeln am Gebäude zu beachten.

Blick auf das Palais von der Straße

Das „Wangenheimsche Palais" oder das „Haus zum Fürstenhut"

1711 ließ der Sohn des Baumeisters Andreas Rudolph, Friedrich Rudolf, dieses schöne barocke Gebäude am Schlossberg für seine Tochter und den Schwiegersohn Hans Basilius Edler von Gleichenstein erbauen. Später wechselten die Eigentümer oft, u.a. die Riedesels von Eichenbach.

1828 übernahmen die Freiherren von Wangenheim das Palais und gaben ihm seinen Namen. Regierungspräsident Ernst von Wangenheim, und der Botschafter Hans von Wangenheim sind dort als Eigentümer vermerkt.

Blick auf das einstige Palais von der Straße

Das Haus „Zur güldenen Krone" am Hauptmarkt

Dieses Gebäude wurde im 16. Jahrhundert errichtet. Es hat ein beeindruckendes Renaissanceportal.

In späteren Jahren gehörte es dem Geheimen Ratsdirektor Johann Friedrich Freiherr Bachoff von Echt und seinen Erben.

1803 wurde das Gebäude zur Poststation. In der Zeit von 1817 bis 1867 verlieh der Herzog von Gotha dem Fürsten von Thurn und Taxis dieses Geschäft als Lehen. 1875 zog die Poststation um und das Gebäude wurde wieder Wohn- und Geschäftshaus.

Heute kann man sich nur noch am Portal mit Sitznischen und den alten Köpfen erfreuen. Das eigentliche Haus ist unscheinbar geworden.

Das alte Portal dieses Hauses

Das Cranach Haus

Im 16. Jahrhundert wohnte dort der Ratsherr Jobst Brengebier. 1512 heiratete seine Tochter den Maler Lucas Cranach. 1518 übernahm der Ehemann das Haus. 1567 lebte Cranachs Tochter Barbara mit dem Kanzler Christian Brück in diesem Haus. Das Haus gehörte der älteren Schwester Ursula und ihrem Mann Georg Dasch.

1567 wurde Christian Brück während der Grumbachschen Händel auf dem Marktplatz hingerichtet.

1852 bis 1986 wurde das historische Gebäude zur Schule. Danach war es das Wohnhaus der Familie von Wangenheim.

1999 wurde es aufwendig saniert und besitzt jetzt eine gemeinnützige Nutzung.

Das Cranach Haus

Patrizierhäuser in der Futterstraße in Erfurt

An dieser Stelle wohnten einst die „Futterer". Diese Leute versorgten die Pferde, die es in großer Zahl gab. Ein wichtiger Beruf, da sie in großer Zahl mit ihren Fuhrwerken zu versorgen waren. Die einstigen „Futterer Höfe" benötigten breite Toreinfahrten. Hier wurde gutes Geld verdient! Es entstanden vorort einige beeindruckende Patrizierhäuser im Stile der Spätgotik, der Renaissance und des Barock.

Das gelbe Haus, die Nr. 12 ist das Haus „Würzgarten und Aron" aus der Zeit des Barock mit dem Wappen der damaligen Familie Honcamp. Daneben, der heute rote Bau, das Haus „Gekrönter Löwe und kleiner Wachsberg" stammt aus dem Jahr 1754.

In beiden Häusern befinden sich heute Restaurants. Sie zogen mich in ihren Bann, alleine durch die Schönheit ihrer Fassaden.

Blick auf beide Gebäude

120

Das Haus Anger 6 „Zur grünen Aue und Kardinal" in Erfurt

Leider lässt sich nur wenig über dieses Palais herausfinden. Durch seinen auffälligen Giebelschmuck fiel es mir bald bei meinem Besuch im August 2023 in Erfurt ins Auge. Ein belebter Platz davor und seine heutige Nutzung durch die Targobank lassen es leicht übersehen.

Dabei ist das Gebäude mit dem sog. „Erfurter Fürstenkongress 1808" eng verbunden. Dies war ein Treffen von Napoleon I. mit dem russischen Zaren Alexander I. Es kam zu einem Bündnisvertrag zwischen beiden, welcher aber keine Wirkung haben sollte. Er wurde nicht eingehalten und so zu einer Farce. Während dieses Kongresses lebte der russische Zar Alexander I. in dem Gebäude.

Heute ist davon nicht mehr so viel bekannt und da das Haus heute eine Filiale der Targobank inne hat, finden sich da auch keine historischen Spuren mehr.

Blick auf beide Gebäude

Das Angermuseum in Erfurt

Dieser Bau fällt einem sofort ins Auge und wurde 1706 – 1711 als öffentliche Waage errichtet. Es ist ein beeindruckender Barockbau, dessen Giebel St. Martin, den Schutzpatron der Stadt ziert. Es war nie ein Herrschaftshaus, muss sich aber hinter keinem adligen Palais verstecken. Die Bürger von Erfurt setzten sich im 19. Jahrhundert für einen Museumsbau ein. Am 27. Juni 1886 wurde das erste städtische Museum in Erfurt eröffnet.

In der NS Zeit wurden dort Kunstwerke in der Aktion „Entartete Kunst" beschlagnahmt und ein Teil davon sogar vernichtet. 1935 zog die Bibliothek aus dem Haus aus, nun war noch mehr Raum für Kunstwerke vorhanden. Ab 1944 wurden viele Kunstwerke ausgelagert und vor den Bombenangriffen in Sicherheit gebracht.

Erst 1976/77 erfolgte eine umfangreiche Restaurierung des Gebäudes. 2005 folgte eine weitere Renovierung, so dass 2010 das Museum wieder eröffnet werden konnte.

Ich hatte leider bei meinem Besuch in Erfurt nur wenig Zeit und bestaunte das Gebäude ausschließlich von außen. Es ist eine Augenweide. Einen Museumsbesuch werde ich einmal nachholen, wenn ich erneut in der Gegend bin.

Das heutige Museumsgebäude

Das Weimarer Residenzschloss (Stadtschloss)

Bereits im 10. Jahrhundert soll am Standort des heutigen Schlosses eine Wasserburg nachweisbar sein. Aber vermutlich geht die Geschichte des Ortes noch weiter zurück. 1299 brannte eine Burg ab, die in großen Teilen aus Holz bestanden hat. Der Burgstall gelangte in den Besitz der Wettiner, welche eine neue Anlage erbauten.

1424 fielen große Teile von Weimar einem erneuten Brand zum Opfer, auch die Burg. Eine neue, nun vollständig steinerne Burg wurde nun für Wilhelm den Tapferen und seine Hofhaltung erbaut. 1439 wurde die neue Burg bezogen, an diese Zeit erinnert noch heute der Hausmannsturm und der Torbau. Der Torbau wurde später von den Hofdamen bewohnt und als „Bastille" bezeichnet. 1485 kam es zu einer Teilung des Kurfürstentums Sachsen. Weimar fiel an die in Torgau und Wittenberger ernestinische Linie der Wettiner. 1513 entstand unter Johann der Beständige eine eigene Hofhaltung. Das Schloss wurde zur offiziellen Nebenresidenz. 1535 begann der Bau bzw. der Umbau der Burg in ein Renaissanceschloss. 1604 war die Anlage fertiggestellt.

Mit dem Beginn des Dreißigjährigen Krieges am 2. August 1618, brannte das Schloss erneut bis zur Hälfte nieder. 1619 begann der Wiederaufbau des Schlosses unter dem italienischen Baumeister Giovanni Bonalino. Es scheint aber nur bei Plänen geblieben zu sein, denn man sprach weiterhin von der Ruine. 1651 nahm sich der Herzog Wilhelm IV. von Sachsen-Weimar der Brandruine an und plante erneut einen dreiflügeligen Schlossbau. 1662 verstarb der Herzog Wilhelm IV., der Bau wurde eingestellt. Seit dieser Zeit wurde das Vorhaben und restliche Gebäudeteile als „Wilhelmsburg" bezeichnet.

Am 6. Mai 1774 wurde die barocke Wilhelmsburg mit Schlosskapelle durch einen erneuten Brand vollständig zerstört! Nur der Turm und der Torbau blieben erhalten. Was war da los? Warum brannte es immer wieder an der gleichen Stelle? Die Ruine blieb stehen und erforderte immer mehr Sicherungsmaßnahmen. 1788 entschloss sich daher Herzog Carl August für einen Neubau. 1789 gründete er eine Schlossbaukommission, bei welcher auch Johann Wolfgang von Goethe mitarbeitete. Am Ende entschied man sich für einen Wiederaufbau mit Nutzung der noch vorhandenen Teile.

Blick auf das Schloss von außen

Zum Ende des Jahres 1800 waren einige Innenräume im Stil des Klassizismus gestaltet. Das 1816 der Hofmaler Carl Heideloff bei der Ausführung der Deckengemälde von der Leiter stürzte und tödlich verunglückte, erscheint mir so langsam etwas „eigenartig". 1803 konnte der Ostflügel von Herzog Carl August und seiner Familie, die einige Jahre im Fürstenhaus gewohnt haben, bezogen werden. Der entgültige Ausbau dauerte noch etwas an durch die nepoleonischen Kriege.

1913/14 wurde die offene Seite der Dreiflügelanlage unter Großherzog Wilhelm Ernst durch einen weiteren Flügel geschlossen. 1918 unterzeichnete der Großherzog Wilhelm Ernst seine Abdankungsurkunde. Die Zeit der Monarchie war beendet. Nur wenige Wochen später bildete sich in den selben Räumen die 1. republikanische Regierung heraus, es wurde zur sog. „Weimarer Republik". Ab 1923 wurde fast der gesamte Schlossbau zum Museum.

In der NS Zeit hatte man damit wenig zu tun, die Gauleitung plante und baute in dieser Zeit ihre eigene Machtzentrale, das Gauforum Weimar.

Schloss von hinten

In der DDR war der immense Schlossbau Sitz der Nationalen Forschungs- und Gedenkstätten der klassischen deutschen Literatur (NFG) und der staatlichen Kunstsammlungen zu Weimar.

Heute befindet sich in den meisten Räumen des Schlosses das Museum. 2018 wurde der gesamte Schlosskomplex geschlossen und instand gesetzt. Teile davon sind heute wohl wieder zu besuchen.

Rund um das Schloss finden sich heute Baustellen, auch im Schlosshof. Da ich an einem Montag dort war, war das Museum geschlossen und ich konnte nur den Schlosshof besuchen und mir das Gebäude einmal umrunden. Gerne hätte ich es besichtigt.

Die Bastille

Bastille mit Hausmannsturm

Das Fürstenhaus in Weimar

In den Jahren 1770 – 1774 wurde es durch den Architekten Anton Georg Hauptmann und den Plänen des Johann Gottfried Schlegel, fürstlicher Landbaumeister, erbaut. Es sollte eigentlich die damalige Finanzbehörde dort einziehen, aber es kam anders. Als 1774 das nahe Stadtschloss brannte, zog der Herzog Karl August in das wohl nicht ganz fertig gestellte Gebäude ein. Nach seinem Regierungsantritt und der Hochzeit mit Luise von Hessen-Darmstadt, bezogen beide das Schloss Fürstenhaus. Sie lebten in der 1. und 2. Etage und so sollte es auch 28 Jahre lang bleiben. Lange Jahre (genau 14) hatten sie einen Blick auf die abgebrannte Schlossruine, dann wurde es neu aufgebaut. 1803 zogen sie um.

Ab 1807 zog die freie Zeichenschule ins Schloss Fürstenhaus, deren Direktoren besaßen dort Ateliers und Wohnungen. Seit 1817 wurde das Fürstenhaus zum Sächsisch-Weimarischen Landtag, 1848 bis 1918 tagte der Landtag des Großherzogtums Sachsen-Weimar-Eisenach dort, bis 1920 der Landtag des Freistaates Sachsen-Weimar-Eisenach Dann wurde es bis 1933 zum Thüringer Landtag und Innenministerium.

Ab 1933 zogen die SS und Innenministerium, die Gauleitung der NSDAP und der Reichsstatthalter von Thüringen dort ein.

Heute gehört das Fürstenhaus zur Hochschule für Musik. Begrenzt wird es durch das Rößlersche Haus, der Verwaltung der Hochschule.

Vor dem Mittelpunkt des Schlosses steht das Carl-August-Denkmal aus dem Jahr 1875, ein Reiterstandbild. Steht man auf dem heutigen „Platz der Demokratie" hat man einen schönen Blick aufs Umfeld mit der Herzogin Anna Amalia Bibliothek, dem Roten Schloss und dem Residenzschloss.

Blick zum Schloss Fürstenhaus

Reiterstandbild vor dem Fürstenhaus

Das Rote Schloss in Weimar

Das Schloss wurde von 1574 bis 1576 erbaut. 1573 starb der Herzog von Sachsen-Weimar. Seine Gemahlin, die Herzogin Dorothea Susanne, ehemals von der Pfalz, bezog das Rote Schloss als Witwensitz. Früher war das Schloss mit einem roten Farbanstrich versehen, daher der Name. Heute mutet es etwas seltsam an.

1618 wohnte die herzogliche Familie dort, aber auch das Hofmarschallamt, die Justizverwaltung und die Landesdirektion waren mit dort untergebracht. 1781 bis 1807 gab es eine „Fürstliche freye Zeichenschule" in den alten Gemäuern. 1808 wurde der einstige Fürstenplatz, heute Platz der Demokratie, umgestaltet. Zu dieser Zeit wurde ein Flügel des Roten Schlosses abgerissen. Erst 1820 wurde die nun entstandene Lücke wieder geschlossen.

Heute befindet sich die Forschungsbibliothek und das Studienzentrum der Herzogin Anna Amalia Bibliothek im einstigen Schloss. Und man sollte es eigentlich umbenennen, da die Fassade einen grauen Anstrich bekommen hat. Ein imposanter Bau, dessen Alter sich erahnen lässt.

Das „rote" Schloss von hinten

Das gelbe Schloss in Weimar

In den Jahren 1702 bis 1704 wurde das gelbe Schloss erbaut, welches seinen Namen auch durch seine Fassadenfärbung bekam. Es sollte ein neuer Witwensitz für die Herzogin Charlotte Dorothea Sophie werden, geborene Landgräfin von Hessen-Homburg, die Gemahlin des Herzogs Johann Ernst III. zu Sachsen-Weimar werden. Noch heute fällt die Jahreszahl „1704" am Gebäude mit den Initialen der Herzogin und einem sehr imposanten Löwenportal ins Auge. 1708 und 1717 war Johann Sebastian Bach häufiger Gast in dem Schloss.

1738 verstarb die Herzogin Charlotte. Jetzt wurde das Schloss zum Administrationsgebäude, später zogen höfische Beamte dort ein. 1774 wurde die herzogliche Kammer ins gelbe Schloss verlegt und verblieb dort bis 1848.

1852 baute man das Schloss um und es zog das „Staatsministerium Dep. III. - das dritte Department für Finanzen dort ein.

Am 1. Mai 1920 wurde das Land Thüringen gegründet, das gelbe Schloss wurde zum Sitz des Thüringischen Finanzministeriums. Es existierte dort bis Juni 1945.

Im 2. Weltkrieg wurde das Schloss zerstört, aber nach 1945 stark verändert wieder aufgebaut. So auch das alte Löwenportal, es wurde zu einem Fenster umgestaltet.

1992 und 1997 erfolgte eine umfassende Sanierung und Fassadeninstandsetzung. Bis 1994 war das Schloss der Sitz der Stadtverwaltung Weimar. Diese zog aber bald in ein anderes Gebäude um. 1998 kaufte die Stiftung Weimarer Klassik das Rote und das Gelbe Schloss und sanierte beide umfassend. Danach wurde es als Erweiterungsbau und neues Studienzentrum für die Herzogin Anna Amalia Bibliothek genutzt.

Bei meinem Besuch war ich besonders beeindruckt vom früheren Löwenportal. Immer wieder kam ich an dem Gebäude an oder vorbei, als wenn es mir etwas sagen wollte.

Das Portal am Gelben Schloss mit den Initialen
der Herzogin

Das Deutschritterhaus in Weimar

Das Giebelhaus wurde im Renaissancestil im Jahr 1566 erbaut. Warum man es „Deutschritterhaus" nannte, scheint etwas fragwürdig zu sein, denn es hat nie zu den Grundstücken des Deutschritterordens gehört.

Der Herzog Carl August kaufte das Haus und übergab es an seine Mätresse, der Hofschauspielerin, Caroline Jagemann. Jetzt konnte er auf kurzem Wege vom Schloss zu ihr gelangen. Über die Schwangerschaften der Mätresse war man am Herderplatz stets gut informiert. Die Straßen am Haus wurden immer mit Stroh ausgelegt um die Lautstärke der Fuhrwerke zu dämmen. Die Mätresse war in dieser Zeit sehr geräuschempfindlich. So wusste das Umfeld immer Bescheid.

Im 2. Weltkrieg wurde das Gebäude schwer beschädigt. 1949 und 1987/88 wurde es aufwendig restauriert.

Heute befindet sich ein Restaurant im Gebäude.

Blick zum ehem. Haus der Mätresse

Die berühmte Herzogin-Anna-Amalia-Bibliothek in Weimar (HAAB)

Es handelt sich hier um keinen herrschaftlichen Wohnsitz, aber ich habe mich entschieden, diese historische Einrichtung mit aufzunehmen. 1691 wurde die „herzogliche Bibliothek" von Herzog Wilhelm Ernst gegründet. Bis 1766 befand sich die Bibliothek im Residenzschloss. 1775 wurde der Sohn Anna Amalias volljährig und übernahm als Carl August die Regierung. Nun baute er die fürstliche Bibliothek weiter aus.

1797 beauftragte Herzog Carl August Goethe und seine Kollegen mit der Oberaufsicht über diese umfassende Sammlung. Johann Wolfgang von Goethe führte diese Tätigkeit aus bis zu seinem Tode 1832, also 32 Jahre. In jener Zeit verdoppelten sich die Bestände und der Platz wurde knapp.

1821 bis 1825 entstand der angrenzende Turm als Bibliotheksturm und wurde noch erhöht. 1849 wurde die Bibliothek eröffnet.

Ab 1989 gehört die Anna-Amalia-Bibliothek zum Ensemble „Klassisches Weimar" und zum Welterbe der UNESCO. 2003 gründete sich die Fördergesellschaft „Gesellschaft Anna Amalia Bibliothek".

Dann geschah 2004 das Unfassbare! Abends am 2. September 2004 brannte der Dachstuhl des Gebäudes. Es konnten etwa 28000 Bücher aus dem Gebäude gerettet werden, aber unzählige Gemälde und Bücherbestände gingen verloren.

Private und öffentliche Spender aus aller Welt, ermöglichten einen Wiederaufbau der Bibliothek. 2007 war diese Wiederherstellung abgeschlossen. Was auf keinen Fall über all die Verluste hinwegtrösten kann. Ich erinnere mich noch gut an die Bilder im TV, als die Bibliothek brannte.

Ich konnte sie zwar bei meinem Besuch in Weimar nicht innen besichtigen, aber von außen fand ich sie saniert vor und in einem guten Zustand. Alle Reste der Zerstörung waren zumindest äußerlich verschwunden.

Die Anna-Amalia-Bibliothek von der Straßenseite

Die Albert Schweitzer Gedenkstätte in Weimar

Eigentlich müsste das Haus ja „Musäushaus" heißen. 1754 wurde das Gebäude am Kegelplatz 4 errichtet als Bürgerhaus. Johann Karl August Musäus, der als Märchenerzähler u. a. des „Rübezahls" bekannt war, ist heute leider in Vergessenheit geraten. 1763 bekam er eine Anstellung als Pagenhofmeister am Weimarer Hof und kaufte 1770 das Haus für sich und seine Familie. Er lebte dort bis zu seinem Tod 1787. Bis 1979 wurde das Gebäude als Wohnhaus genutzt.

1980 kaufte das Albert-Schweitzer-Komitee das Gebäude und richtete eine Gedenkstätte dort ein. Damit konnte der Verfall des Hauses gestoppt werden. 1984 wurde die Gedenkstätte eröffnet.

Beeindruckend ist noch heute der überdachte Innenhof mit Brunnen. Die kleinen niedrigen Räume vermitteln noch heute eine Wohnqualität aus einer vergangenen Zeit. Man kann in dem historischen Gebäude auch übernachten, was muss es für ein Gefühl sein, dort die knarzenden Treppen empor zu steigen. Alles ist eher behaglich und klein.

Per Zufall entdeckte ich das Gebäude und besuchte es. Der Innenhof lädt zum Verweilen ein. Sieht man genau hin, entdeckt man noch die eine oder andere historische Überraschung.

Blick zum alten Gebäude

Goethe in Weimar

1775 kam Goethe nach Weimar und fand rasch Gefallen an einem Grundstück am Ilmhang. Der Garten war in keinem guten Zustand. Der Herzog Carl August plante das Grundstück dem Freund Goethe zu schenken. April 1776 erwarb Johann Wolfgang Goethe das Gebäude mit dem Garten offiziell. Die Zahlung der Kaufraten erfolgte aber durch Friedrich Justin Bertuch. Das Geld stammte vom Herzog, der es lieber so aussehen ließ, das Goethe der Käufer war. Goethe baute vieles selbst aus und auf.

Da das kleine Grundstück mit dem Haus auf Dauer nicht seinen sozialen Verhältnissen entsprach, und auch der Platz für seine Bibliothek fehlte, zog er 1782 in die Innenstadt. Sein Gartenhaus blieb weiterhin seine Oase, in der er sich oft und gerne aufhielt. Hier arbeitete er an seinen Werken. Heute ist das Gartenhaus als Museum eingerichtet und war leider bei meinem Besuch im August 2023 nicht geöffnet. Der Weg dorthin durch den Park ist sehr entspannend.

1782 zog Goethe in das bekannte Haus am Frauenplan und hat dort fast 50 Jahre gelebt. Das Gebäude am Frauenplan wurde in der Zeit von 1707 bis 1709 erbaut für den fürstlichen Kammerkommisar und Strumpfhändler Georg Caspar Helmershausen. Es wurde schon früh vermietet. Nach dem Tod des Besitzers, erbte dessen Sohn Georg Friedrich Helmershausen, danach weitere Nachkommen. Goethe mietete erst das Haus bis 1789, unterbrochen durch seine Italienreise 1786 – 1788. Nach dem Mietverhältnis bezog Goethe mit seiner Lebensgefährtin Christiane Vulpius 1789 das Jägerhaus in der Marienstraße, dort kam auch sein Sohn August zur Welt.

1792 stand das Haus am Frauenplan zum Verkauf. Herzog Carl August ließ es aufkaufen und übergab das Anwesen an seinen Freund Goethe. 1794 schenkte er es ihm, 1801 wurde dies beurkundet. 1792 bezog Goethe mit Christiane und dem Sohn das Anwesen am Frauenplan und verblieb dort bis zu seinem Tod.

1794 entstand das größere Treppenhaus. 1806 heiratete Goethe Christiane Vulpius. 1817 heiratete sein Sohn August Ottilie von Pogwisch, in der Zeit wurde die Mansarde ausgebaut zu einer 8 Zimmer Wohnung, welche das junge Paar bewohnte. Dort kamen die Enkel aif die Welt und verlebten dort ihre Kindheit.

1832 verstarb Goethe, seine Enkel waren als Erben bestimmt worden.

Blick zu Goethes Haus am Frauenplan

Ein „Goethe – Nationalmuseum" wurde gegründet in den Räumen. Seine Sammlungen wurden so erhalten.

Nur im 2. Weltkrieg wurden die Bestände ausgelagert und so geschützt. 1949 konnten die Türen nach einigen Sanierungen wieder für die Öffentlichkeit geöffnet werden.

Ich hatte Glück bei meinem Besuch, das das Haus außerplanmäßig geöffnet war. Ein beeindruckender Wohnsitz mit einem schönem Garten. Nahe einer Ausfahrt kann man die damalige Kutsche Goethes ansehen, was mich natürlich besonders fasziniert hatte.

Das Haus wirkt gemütlich und strahlt den Hauch der Zeit bis heute aus. Sie sollten einen Besuch nicht verpassen, es lohnt sich. Alleine der Garten, mit dem man nicht rechnet, wenn man vor dem Gebäude steht, ist ein Ort der Erholung und Entspannung. Ich komme wieder, wenn ich das nächste Mal in Weimar bin.

Das Schillerhaus in Weimar

1777 wurde das Gebäude für den Kaufmann Johann Christian Schmidt erbaut. Auf dem Grundstück befand sich früher eine „Münze", eine fürstliche Münzprägestätte. 1801 kaufte der englische Schriftsteller und Übersetzer Charles Mellish of Blyth das Gebäude. Im März 1802 verkaufte er es bereits wieder an Schiller. Ende April 1802 zog Schiller mit seiner Familie dort ein. Vorher lebten sie in einer Mietwohnung in Weimar, welche zu klein geworden war. Erst 1799 war die Familie Schiller aus Jena zugezogen. Am 9. Mai 1805 verstarb Friedrich von Schiller in seinem Hause. Seine Frau blieb mit den Kindern dort wohnen. Später vermietete sie einzelne Zimmer, als die Kinder ausgezogen waren.

Am 9. Juli 1826 verstarb Schillers Frau Charlotte. 1827 verkauften die Kinder das Haus an den Gartenbauinspektor Johann Christoph Gottlob Weise, er übertrug es seiner Frau. 1847 kauften die Erben der Frau Weise das Grundstück von der Stadt Weimar. Im Erdgeschoss entstand eine kleine Kunsthandlung, welche sich bis 1905 dort hielt.

1945 gab es einige Schäden durch die Luftangriffe auf das Weimarer Stadtgebiet. Bereits 1946 konnte es als „Schillerhaus" durch die Stadt eröffnet werden. In den 1980er Jahren wurde es umfassend restauriert, hinter dem Gebäude entstand ein Neubau. Heute gehört es mit zum Bestand der Klassik Stiftung Weimar und seit 1998 zum UNESCO Welterbe.

Ich konnte es nur von außen betrachten, da es zu der Zeit geschlossen war. Der Brunnen gegenüber erinnerte mich an meine Kindheit und einen damaligen Besuch dort. Das Umfeld hatte sich sehr verändert. Es waren einige neue Gebäude im Umfeld entstanden. Was mir persönlich nicht so gut gefiel, aber die Zeit bleibt ja leider nicht stehen.

Schillerhaus in der heutigen Passage

Das Haus der Frau von Stein in Weimar

Aus dem einstigen Stallgebäude auf dem Gelände eines alten Vorwerks wurde in den Jahren 1770 bis 1773 ein noch heute sehr imposantes Gebäude errichtet. Ab 1777 wohnte im östlichen Teil die Familie des Oberforstmeisters Otto Joachim Moritz von Wedel. Zu ihm hatte Goethe ein enges freundschaftliches Verhältnis.

Ebenfalls 1777 zog Charlotte von Stein mit ihrem Mann, Oberstallmeister Gottlob Ernst Josias Friedrich Freiherr von Stein, und ihren drei Kindern ins Gebäude. Sie wohnten im westlichen Teil. Charlotte von Stein lebte 50 Jahre in dem Gebäude.

Im Erdgeschoss verblieben bis 1794 die Pferdeställe der herzoglichen Husaren. 1799 übernahm der Chemiker Alexander Nicolaus Scherer diese Räume auf Vermittlung Goethes vom Großherzog Carl August. Er richtete dort ein chemisches Labor ein, für kurze Zeit.

1804 gestaltete die russische Großfürstin Maria Pawlowna einen Raum aus, als russisch-orthodoxe Kirche. Eine eigene Kirche wurde erst nach dem Tod der Großfürstin erbaut. Im Erdgeschoss entstanden einige Gesellschaftsräume (Salons) auf Betreiben des Großherzogs.

1921 wohnte die junge Marlene Dietrich in der Pension, die sich in dieser Zeit im Haus befand.

1996 zog das Goethe Institut ins Gebäude, welches 2010 in das Reithaus im Park umsiedelte. 2008 verkaufte die Stadt das Gebäude an einen spanischen Investor, welcher aber dann nicht wie geplant sanierte.

Bei meinem Besuch wirkte das Gebäude bewohnt und sehr gepflegt. Ich bewunderte auch den Brunnen, traute mich aber nicht den steilen Weg zu ihm hinunter. Das Anwesen leuchtet einem auch im Park hinterher und lockt zu einem kurzen Besuch.

Straßenblick zum Haus der Frau von Stein

Das Wittumspalais in Weimar

Zwischen 1767 und 1769 wurde es auf dem Gelände eines ehemaligen Franziskanerklosters erbaut. Nachdem das Stadtschloss abgebrannt war, bezog im Mai 1774 die Herzogin Anna Amalie das Palais und kaufte es 1775. Sie richtete dort ihren Witwensitz ein bis zu ihrem Tode im Jahr 1807. Hier veranstaltete sie ihre bekannten Tafelrunden des Weimarer Musenhofes, neben denen auf ihrem Sommersitz Schloss Ettersburg oder Schloss Tiefurt. (Beide werden extra erwähnt)

Nach ihrem Tod verwaltete das Herzogliche Hofmarschallamt das Palais. 1808 bis 1848 nutzte die Weimarer Freimaurerloge „Anna Amalia zu den drei Rosen" das Gebäude für Tagungen. 1848 zog die Bibliothek des Lesemuseums in das Palais ein.

Seit 1858 wurde der Festsaal des Palais zum Atelier für den Maler Leopold Graf von Kalckreuth. Zwischen 1864 und 1868 nutzte der Maler Friedrich Preller den Saal für seinen Odysseus Zyklus. Ab 1870/71 folgten umfangreiche Restaurierungen durch den Großherzog Carl Alexander.

1919 zog das Goethe Nationalmuseum ins Palais ein.

Während des 2. Weltkrieges wurde auch das Wittumspalais durch Bomben schwer beschädigt, konnte aber bereits 1949 wieder als Museum eröffnet werden.

1998 bekam auch das Wittumspalais als Teil des klassischen Weimar die Anerkennung zum UNESCO Welterbe.

Heute liegt es sehr zentral in der Nähe des Theaters und mitten im Gewühle einer Fußgängerzone. Es strahlte mir weit entgegen, leider hatte ich bei meinem Besuch keine Möglichkeit es von innen zu betrachten, da es an einem Montag geschlossen war. Aber das werde ich bei einem soäteren Weimarbesuch einmal nachholen.

Leider ist es fast ausgeschlossen anständige Fotos dort zu machen, da die Straßen sehr belebt sind.

Blick zum Wittumspalais von der Fußgängerzone

Ein kurzer Seitenblick auf das Palais

142

Das Schloss Kromsdorf – bei Weimar

1150 wurde „Crumersdorf" zum ersten Male urkundlich erwähnt. Die Ritter von Kromsdorf ließen einen ersten Herrensitz erbauen, an der Stelle des heutigen Pfarrhauses.

1580 wurde das heutige Schloss durch Georg Albrecht von Kromsdorf, dem Weimarischen und Altenburger Kammerrat, erbaut im italienischen Stil. 1646 verstarb Hans Christoph von Kromsdorf verschuldet. Seine Tochter, Anna Magdalene von Weißenbach, kaufte das Schloss samt Park mit Hilfe ihres Schwiegersohnes, General Caspar Cornely de Mortaigne. Dieser verstarb nach der Belagerung der Festung Rheinfels. Bis 1664 war Wolf Albrecht von Weidenbach der Eigentümer des Anwesens.

1692 kaufte der Herzog Wilhelm Ernst von Sachsen-Weimar das Schloss Kromsdorf mit dem Park. 1707 wurde das Amt Großkromersdorf gegründet und verblieb bis 1730 im Schloss. Nach dem Tod des Herzogs Wilhelm Ernst 1728 kam es zu einigen Schwierigkeiten für Schloss Kromsdorf. 1765 erlaubte Herzogin Anna Amalia das Orangeriegebäude abzureißen. Der Herzogliche Hof verbrachte gerne Zeit auf dem Schloss mit Theater und Musikveranstaltungen.

1809 eignete sich Großherzog Carl August das Schloss an. Im Jahr 1833 entstand ein Landschaftsgarten um das Schloss, von dem noch heute einige Teile vorhanden sind. 1828 führte man einige Umbauten und Sanierungen durch auf Weisung des Großherzogs und seiner Gemahlin Maria Pawlowna. Zeitweise diente das Schloss als Lager für Möbel und andere Sammlungen.

Eingang zum Schlossareal mit Glockenturm

1859, nach dem Tod des Großherzogs, ließ seine Witwe Maria Pawlowna im Schloss ein „Carl-Friedrich-Damenstift" eröffnen. Dazu entstanden kleine Appartments für die Damen. Dies blieb bis 1882 so. Als die letzte Stiftsdame das Schloss verließ, war das Ende des Damenstifts besiegelt.

1904 kaufte der Kammerherr Erich von Conta das Schlossanwesen seiner Frau zu liebe. Ihr gehörte das Nachbarschloss Burg Denstedt. 1932 und 1938 fanden unter Conta seine „Schwedenfeste" statt. 1943 verstarb er, seine Nichte, Frieda von Breitenbuch, erbte das Anwesen.

1946 zogen auch hier Flüchtlinge auf das Schlossgelände, dann wurde es zum Mietshaus. Später zogen eine Gemeindebibliothek und eine kleine Dorfgaststätte ein. Seit 1948 wurde der einstige Schlosspark zum Sportplatz. Auf den Wirtschaftshof war 1947 bereits eine Metallfabrik gezogen. In dieser Zeit dachte man wenig an den Erhalt der Anlage, was zu einigen Schäden führte.

Ab 1982 zogen Studenten in das Schloss, diese wollten es erhalten. Es wurde mühevoll entrümpelt und viel saniert. 1986 sollte es an die Gemeindeverwaltung übergeben werden. Erst in den 90er Jahren wurde die Anlage aufwendig saniert, in dieser Zeit zogen letzte Studenten aus. Einige Zeit nutzten Vereine das Schloss.

Heute befindet sich wohl eine Anwaltskanzlei im Schloss. In der Gartenmauer befinden sich 64 Nischen, welche wieder mit Steinfiguren aufgefüllt wurden. Mir kamen diese Steinbüsten eher etwas plump vor. Französische Truppen schlugen 1806 bei ihrem Durchzug durch die Gegend ettlichen Figuren die Nasen ab. Viele sind nun wieder repariert und stehen in den früheren Nischen.

Blick vom Tor auf das Schloss Kromsdorf

Das Schloss Tiefurt bei Weimar

Ende des 16. Jahrhunderts wurde das Schloss als Pächterhaus eines herzoglichen Kammergutes erbaut. 1765 wurde es umgebaut. 1776 zog der jüngere Bruder des Herzogs Carl August, Konstantin, in das Schloss. Sein Erzieher Karl Ludwig von Knebel leitete ihn bei seiner eigenen Hofhaltung an. Nach vier Jahren, der Prinz war länger abwesend, zog seine Mutter, Anna Amalia, in das Schloss in den Sommermonaten. Sie lebte dann mit Dienern im Obergeschoss. Ihre Hofdame Luise von Göchhausen bewohnte das Nebengebäude. In Tiefurt traf der Musenhof Weimars zusammen.

Im Jahr 1806 plünderten französische Besatzer das Anwesen. 1807 verstarb die Herzogin Anna Amalia und das kleine Schlösschen wurde nun vernachlässigt. Der Sohn des Großherzogs Carl Friedrich, kümmerte sich um eine nötige Renovierung. Der Park wurde nun durch den Landschaftsgärtner Eduard Petzold betreut und gelangte nun zu einer neuen Blüte. 1821 – 1828 wurde das Schloss umgebaut und bekam seine heutige Form.

1907 wurde das Schlösschen zu einem Museum und somit für die Öffentlichkeit zugänglich. In den Jahren 1978 bis 1981 wurde es umfassend im Stil von 1800 renoviert und die alte Raumfolge der Zeit der Anna Amalia im Obergeschoss zurückgewonnen.

Der wunderbare Park wurde zu einem Landschaftspark im englischen Stil und war bereits früh offen für die Allgemeinheit.

Blick zum Schloss Tiefurt vom Eingang

Bei meinem Besuch im August 2023 war ich erst etwas „verwundert" über das kleine Schlösschen. Es wirkt wie eine kleine Villa oder wie ein Kavalierhaus von außen. Aber sobald man die Tür öffnet, ist man in die Zeit der Anna Amalia versetzt. Es ist kein repräsentatives Schloss für Staatsempfänge, eher ein fast privater Rückzugsort für die Sommermonate.

Der Park ist größer als man denkt und besitzt viele Sichtachsen und bauliche highlights, ein Ort der Entspannung An beiden Seiten der Ilm befindet sich der Schlosspark, der durch zwei Brücken alles miteinader verbindet. Noch heute ein Ort der einfach da ist um sich dem Schönen zu widmen.

Das Schloss Ettersburg bei Weimar

Das Gebiet des Ettersberges wurde schon früh zum Jagdgebiet der Weimarer Fürsten.

Von 1706 bis ca. 1712 ließ sich Herzog Wilhelm Ernst ein Jagdschloss errichten auf den Fundamenten eines früheren Chorherrenstifts. Es entstand ein dreiseitiges, schmuckloses Gebäude. 1722 entstand das sogenannte „Neue Schloss" vis a vis des alten Schlosses. Der Neffe und Nachfolger Ernst August ließ das neue Schlösschen umbauen, eine Freitreppe davor entstand in dieser Zeit. Nachdem der Sohn der Herzogin Anna Amalia , Carl August, seine Regierung angetreten hatte, wählte seine Mutter das Schloss Ettersburg zu ihrem Sommersitz. In dieser Zeit wurde auch dieses Anwesen zum Musenhof, u. a. durch den literarisch-musischen Kreis. 1780 verlagerte die Herzogin Anna Amalia ihren Sommersitz auf das Schloss Tiefurt.

Im 19. Jahrhundert wurde das Anwesen erneut zum künstlerischen Refugium durch den Großherzog Carl Alexander und seine Gemahlin Sophie. Das Schloss wurde erneut zum Sommersitz und viele namhafte Gäste stellten sich dort ein.

1845 wurde der Park im Stil eines englischen Landschaftsgartens umgestaltet durch Hermann von Pückler-Muskau und seinen Schüler Eduard Petzold.

1918 übernahm das Land Thüringen das Schloss Ettersburg. 1923 pachtete Alfred Andreesen das Anwesen und es entstand die „Hermann-Lietz-Schule" der Stiftung „Deutsche Landerziehungsheime" von Hermann Lietz. Diese Schule wurde 30 Jahre geführt.

Blick auf das „Neue Schloss"

Blick zum „Neuen Schloss" Ettersburg

Im Jahr 1937 entstand in der unmittelbaren Nähe das Konzentrationslager Buchenwald. Die Lietz Schule wurde beschlagnahmt und 1945 geschlossen. 1945 zog die US Army in Thüringen ein, sie fanden das KZ auf dem Ettersberg vor. Das Schloss wurde zum Standort der Allierten. Amerikanische Ärzte kümmerten sich um die Überlebenden des KZ´s. Danach richtete sich die Sowjetische Militäradministration ein. Ein Teil des Lagers wurde nun ein „Speziallager Nr. 2" der Russen. Im Herbst 1945 zogen Offiziere der Roten Armee ins Schloss Ettersburg.

Zum Ende des Jahres 1948 bezog eine Schule des Thüringer Ministeriums für Justiz das Schloss. 1962 wurde aus dem Schloss ein Feierabendheim, dieses verblieb bis 1978. Danach verfiel das Schloss, der Park verwilderte.

1990 gründete sich ein Förderverein „Schloss Ettersburg"um es vor dem Verfall zu retten, löste sich aber leider 2009 wieder auf. 2005 übergab die Klassik Stiftung Weimar das Schloss für 55 Jahre an das Bildungswerk BAU Hessen-Thüringen e. V.. 2006 begannen die umfangreichen Sanierungen. 2007/2008 war die Sanierung beendet. Ins Schloss zogen ein Hotel und ein Restaurant.

Straßenblick auf das alte Jagdschloss Ettersburg

Als ich es 2023 besuchte, waren die historischen Gebäude restauriert, der Park neu gestaltet. Das Gelände strahlte eine Ruhe und einen Frieden aus, und das in der unmittelbaren Nähe zum KZ Buchenwald. Das hatte ich nicht erwartet.

Das Hotel und seine Gastronomie sind innen modern eingerichtet, was mir persönlich nicht so sehr gefällt. Aber es ist wohl eine gute Lösung, da man den erhaltungsfähigen Zustand der Substanz nach der Übernahme ja nicht beurteilen kann.

Ein sehr gepflegter Park und die historischen Gebäude, wie die alte Schlosskirche, verdrängen die Nähe des einstigen KZ's aus den Gedanken. Wie es sich verhält, wenn man näher an den Ort des Schreckens heran geht, ist eine Herausforderung. Ich werde gerne einmal wiederkommen und genau das für mich untersuchen.

Die Villa Eschebach in Dresden

In den Jahren 1900 bis 1903 wurde die imposante Villa im Stil des Neobarocks für Carl Eschebach errichtet. Er war ein Dresdner Kunstmäzen und Eigentümer der Eschebach-Werke. Dort stellte man hauswirtschaftliche Geräte her, welche bald um Eisschränke, Badewannen, Toiletten und Ofenschirme erweitert wurden. In einer Außenstelle in Radeberg wurden Einbauküchen hergestellt. Eschebach gehörte bald zu den reichsten Männern Dresdens. 1905 verstarb der Fabrikant, seine Erben lebten bis 1920 noch auf dem Anwesen, mitten in Dresden Neustadt. 1924 kaufte die sächsisch-böhmische Dampfschifffahrtgesellschaft die Villa.

Im Februar 1945 bei den Luftangriffen auf Dresden brannte auch diese Villa vollkommen aus. Gemälde und andere Gegenstände gingen verloren. Lange Zeit blieb die Villa eine Ruine und wurde nur notdürftig wieder hergestellt und genutzt.

1993 kaufte die Volksbank das stark restaurierungsbedürftige Gebäude und sanierte es von 1995 bis 1997. Während der Sanierungsarbeiten wurden alte Wandschränke entdeckt, die eigentlich Tresore waren. Dort drin lagerten einige historische Papiere und konnten so gerettet werden. In einem Teil der Villa entstand ein modernes Bankhaus, ein anderer Teil wurde zur Austellungshalle. 1997 eröffnete die Volksbank ihre Pforten.

Das alte Gebäude zog mich durch seine neobarocke Ausstattung schon länger an. Diesmal nahm ich mir die Zeit, mir die Villa mit ihrem Schmuck genauer zu betrachten. Auch wenn heute der Schriftzug „Volksbank" etwas am alten Flair zu kratzen vermag, so bewunderte ich doch seine schmucke Fassade und den kleinen Garten. Ein Ort, eine Oase der Ruhe, mit dem Springbrunnen, welcher friedlich vor sich hin plätschert und von einer längst vergangenen Zeit Zeugnis ablegt.

Dresden war nicht nur zur Barockzeit eine Augenweide, auch spätere Bauten im Stadtzentrum oft dem ersten Blick verborgen, haben bis heute ihren Reiz und besonderen Flair.

Blick von der Straße auf die Villa Eschebach

Das Marktschlösschen in Halle /Saale

Es wurde im 16. Jahrhundert im Renaissancestil erbaut, schon im Übergang zum Barock. Es war ein Patrizierhaus. Der Jurist Kilian Stisser, Kanzler des Administrators Christian Wilhelm von Brandenburg, war einer der ersten Besitzer. 1654 zog Konrad Carpzov ins schlossähnliche Gebäude am Markt, er war ebenfalls Adminstrator, aber unter August von Sachsen-Weißenfels.

1675 kaufte der Marschall Alexander Haubold von Bieberstein den Bau, auch er stand im Dienste des Weißenfelser Herzogs. 1746 kaufte der Apotheker Christian Friedrich Zepernick das Gebäude und eröffnete eine Apotheke. 1751 wurde sein Sohn Karl Friedrich Zepernick in dem Gebäude geboren. Dieser wurde später preußischer Oberlandesgerichtsrat, Senator des Schöppenstuhls und Schultheiß, und der letzte Salzgraf in Halle.

Zur Jahrhundertwende wurde das Gebäude zum Milchgeschäft und zur Eisenwarenhandlung.

Nach dem 1. Weltkrieg übernahm die Stadt Halle das Gebäude und nutzte es als Ratsbibliothek und Stadtarchiv.

1935 zogen Ausstellungen in das Obergeschoss ein.

Ab 1975 fanden dort kulturelle Veranstaltungen statt. Eine Zeit lang wurden die historischen Instrumente des Händel Hauses dort untergebracht.

Heute findet man die Touristeninformation und eine Verkaufsstelle von Haloren im Erdgeschoss. Hier kann man diverse Ausführungen der bekannten „Haloren-Kugeln" erwerben. Straßenbahnen fahren nahe am Gebäude vorbei und bringen eine gewisse Unruhe mit sich. Auch eine Baustelle im nahen Umfeld verhindert eine ruhige Atmosphäre, die der Bau eigentlich ausstrahlt. Einen Turm der Dreiflügelanlage kann man von außen nicht sehen und ich fand leider keinen Zugang zum Hof.

Belebter Straßenblick zum Marktschlösschen

Das Bürgerhaus des Karl-Heinrich Reichhelm in Halle – heute Beatles Museum

Im Jahr 1708 wurde das Palais oder Bürgerhaus erbaut für den Pfänner Karl-Heinrich Reichhelm.

Seit 1895 wurde der beeindruckende Bau zum Stift für unverheiratete Töchter von Richtern und arme Mädchen. Das sog. „Assessor-Müller-Stift" wurde durch die Witwe eines Justizbeamten gegründet.

In der NS Zeit wohnte hier Wolfgang Brühl. 1941 wurde er wegen einer Behinderung in die T4 Anstalt Bernburg verschleppt und dort vergast. Daran erinnert heute ein Stolperstein vor dem Haus. Nach dem 2. Weltkrieg wurde das ansehnliche Gebäude zum Kindergarten.

Seit 2000 befindet sich jetzt das Beatles-Museum in seinen Räumen. Ich habe es mir nur von außen angesehen.

Beatles Museum

Die Gräfin Anna Constantia von Cosel in Halle/Saale

Wer kennt sie nicht, die Geschichte der Gräfin Cosel und August dem Starken? Eine Geschichte, die nicht gut endete für sie. Überschätzte sie sich völlig oder war sie ihrer Zeit einfach voraus? Nachdem die Gräfin Cosel in Ungnade gefallen war, griff sie auch die neue Mätresse August´s an, die Gräfin Maria Magdalena von Dönhoff. Der Kurfürst verbannte die Cosel 1713 vom Dresdner Hof auf das Schloss Pillnitz. Ein Angebot des Kurfürsten auf das Schloss Zabeltitz überzusiedeln, lehnte sie ab.

1715 reiste die Cosel nach Berlin um den brisanten Ehevertrag zu beschaffen und in Sicherheit zu bringen. Sie durfte aber Pillnitz nicht verlassen, daher wurde diese Reise zur Staatsaffäre. Nun wurde ihr eine Flucht ausgelegt und der Kurfürst musste handeln um sein Gesicht nicht zu verlieren. Er bot dem preußischen König einige Desserteure an im Tausch gegen die Gräfin Cosel. Am 21. November 1716 kam diese in Halle an und stieg im Gasthof „Zur preußischen Krone" ab. Dort verblieb sie einige Wochen

und bemühte sich um den Ehevertrag, was aber der Kurfürst nicht wusste. Da hatten wohl einige Intrigen die Sache angeheizt. August der Starke ließ sie in dem Gasthof verhaften! Von dort aus gelangte sie über Nossen nach Dresden zurück, wo man sie am 24. Dezember 1716 auf der Burg Stolpen festsetzte. Dort verblieb sie 48 Jahre lang, bis zu ihrem Tod.

Das Gebäude des Gasthauses gibt es heute nicht mehr in Halle. An seiner Stelle befindet sich ein Neubau. An der früheren Hausnummer 5, Kleine Ulrichstraße, findet man eine Gedenktafel für sie.

An einer Ecke fange ich eine Kutsche auf mit vier dunklen Pferden, welche die Gräfin zum Gasthaus brachte. Es war nur ein kurzer Moment, ich halte kurz inne und denke an sie.

Hier stand damals der alte Gasthof

Das Jagdschloss Dreilinden

Ein bestehendes Forsthaus wurde 1820 in „Forsthaus Dreilinden" offiziell umgenannt durch seinen Besitzer Friedrich Wilhelm Heinrich Bensch. 1856 verkaufte der Herr Bensch an einen Berliner Destillateur Josef Aloys Gilka. Bensch behielt auch nach dem Verkauf seine dortige Grabstelle, welche wohl heute noch sichtbar sein soll.

Gilka verkaufte 1859 bereits den Besitz wieder, an den Neffen des Königs, Prinz Friedrich Karl von Preußen. 1869 wurde in der Nähe des Forsthauses ein Jagdschloss errichtet. Dieses wurde als „prinzliche Villa" bezeichnet, da sie der Lieblingsaufenthaltsort des Prinzen wurde. Bekannt durch die sogenannte „Tafelrunde von Dreilinden", welche in Abständen dort stattfand. Bis zum Tod des Prinzen. Der Sohn des Prinzen, Prinz Friedrich Leopold, verkaufte in der Zeit von 1894 bis 1900 das Land an die „Heimstätten Aktiengesellschaft" und Grundstücke an Privatleute, der Rest davon ging an die Stadt Berlin.

1954 war das Ende des Jagdschlosses besiegelt, es wurde abgerissen! Heute befindet sich die „Revierförsterei Dreilinden" an seiner Stelle. Ganz in der Nähe soll sich der Grabstein des Bensch befinden.

Selbst war ich nie dort, man kommt nicht gut hin ohne Auto. Das einstige Jagdschloss ist heute völlig in Vergessenheit geraten!

Die Schlösser und der Park Zabeltitz

Der alte Name „Zablawitz" kommt aus dem Sorbischen und soll wohl in etwa „hinter den Sümpfen" bedeuten. Im 13. Jahrhundert wurde der Ort urkundlich erwähnt, eine sehr lange Zeit. Im Mittelalter befand sich eine alte Salzstraße im Umfeld, welche durch eine alte Wasserburg geschützt wurde, welche wohl durch die Familie von Zabeltitz begründet wurde. Ihr folgten bekannte Familien wie die Familie von Köckeritz und die Familie von Pflugk.

Die Familie von Pflugk waren 200 Jahre am Ort ansässig, 1565 gestaltete Nickel Pflugk die alte Wasserburg in ein Renaissanceschloss um. 1580 entstand die heutige St. Georgen Kirche. 1588 musste das Anwesen verkauft werden, da es überschuldet war. Christian I. kaufte es und ließ einen Jagdsitz erbauen. Das alte Schloss wurde neu eingerichtet, aber der Platz reichte nicht aus. 1588 ließ er daraufhin das „Alte Schloss" errichten. Dann verstarb er und Christian II. übernahm den Ort. 1598 konnte das „Alte Schloss" fertiggestellt werden.

1637, im Dreißigjährigen Krieg, wurde der Ort durch die Schweden verwüstet und ausgeplündert. 1657 und 1659 fanden dennoch Jagdlager statt unter Kurfürst Johann Georg II. 1699 verpachtete man das Rittergut Zabeltitz, das Schloss blieb aber dem Kurfürsten vorbehalten für seine Jagden. Später gehörte es Anna Sophie, der Mutter von August dem Starken.

1727 versuchte August der Starke den unrentablen Besitz los zu werden. Bereits 1717 hatte er es seinem Generalfeldmarschall Graf August Christoph von Wackerbarth versprochen. Zuvor versuchte er das Schloss Pillnitz, das der Gräfin Cosel gehörte, mit Zabeltitz zu tauschen. Da die Gräfin sich vehement weigerte, kam dieses nicht zustande. Sie war zu diesem Zeitpunkt bereits beim Kurfürsten in Ungnade gefallen. Im Februar 1728 bekam Graf Wackerbarth nun Zabeltitz gegen einen Tausch von zwei Dresdner Häusern, da sein Amts- und Wohnsitz, das Gouvernementshaus, zuvor abgebrannt war.

1728 bis 1730 ließ Wackerbarth an der Stelle des alten Schlösschens sein „Palais" errichten und ein Barockgarten im Umfeld entstand. Im Jahr 1734 verstarb von Wackerbarth, sein Stief- und Adoptivsohn Graf Joseph Anton Gabaleon von Wackerbarth-Salmour erbte alle Besitzungen. Er selbst lebte auf Schloss Wackerbarth, verkaufte aber

Blick auf das „Alte Schloss"

das Kurländer Palais in Dresden. Zabeltitz schenkte er seinem Neffen Guiseppe Antonio Gabaleone, Conti de Salmour, zu seiner Hochzeit mit der Gräfin Helena Isabella Lubienska. Als er 1759 verstarb, verwaltete es die Gräfin Salmour für ihre Kinder. 1769 verkaufte die Gräfin Zabeltitz an die Wettiner und somit an Prinz Xaver. Sie selbst erwarb Schloss Kittlitz und Schloss Unwürde. Bis 1806 lebte der Prinz auf dem Gut Zabeltitz, dann verstarb er. Im Jahr 1808 brannte es im Ort, aber die Kirche und das Alte Schloss blieben unbeschädigt.

1817 kaufte der Kammerherr Friedrich Freiherr von Weißenbach das Anwesen Zabeltitz. 1852 verstarb er und vererbte das Anwesen an seinen Sohn Anton Sigismund. Im Jahr 1875 bekam der Ort Anschluss an die Eisenbahn und erlebte einen Aufschwung.

1889 kaufte der Kammerherr Arnold Woldemar von Frege – Weltzien das Anwesen und rettete es vor dem Verfall. 1897 fanden einige Umbauten in der Kirche und im Palais statt, das hofseitige Wappen am Palais stammt aus dieser Zeit. 1912 besuchte Friedrich August III., der letzte König Sachsens, Zabeltitz. 1916 erbte die Tochter Elisabeth Jay mit ihrem Mann Rudolf Jay das Schloss, den Park und das Palais. 1919 wurde Zabeltitz an das Stromnetz angeschlossen. 1932 verstarb die Jay und die Gutsanlage wurde aufgeteilt. Christoph Rudolf Arnold Jay bekam das Palais. Paul Habich, Kommerzienrat, bekam das „Alte Schloss".

1945 wurden die Besitzerfamilien enteignet. Der Boden wurde infolge der Bodenreform an „Neubauern" vergeben. 1949 bis 1990 befand sich das erste Landambulatorium im „Alten Schloss", das bereits damals größtenteils als Stallgebäude erbaut worden ist. Es zogen Flüchtlinge ins Alte Schloss, dann sollte es abgerissen werden! Dank der Initiative des Kurt Schadendorf bewahrte die Einrichtung des Ambulatoriums das Alte Schloss vor dem Abriss. Die Stadt Zabeltitz hatte es als Eigentümer übernommen.

Heute nutzt man das „Alte Schloss" für Trauungen und als Veranstaltungsraum. Eine Zeit lang diente es auch als Turnhalle. Es befinden sich aktuell Arztpraxen, Büros und Wohnungen in dem historischen Gemäuer.

Am Teich hinter mir das „Palais"

Das „Palais" trägt noch heute zwei Wappen. Auf der Parkseite das derer von Wackerbarth und vorne das des Arnold Woldemar von Frege – Weltzien. Nach 1945 diente auch dieses Schloss Vertriebenen als Unterkunft und wurde dann zum Kinderheim für griechische Kinder. 1955 zog eine Schulungsstätte der Deutschen Reichsbahn ein, welche es 1989 sanierten. Auch der Nachfolger, die Deutsche Bahn, nutzte es weiter als Schulungsort.

Die Stadt Großenhain kaufte 2010 das Palais und den barocken Garten.

Das „Palais" von der anderen Seite

Heute befindet sich im Erdgeschoss eine Touristeninformation und es gibt eine kleine Dauerausstellung im Foyer, nebst einem kleinen Café im Eingangsbereich. Die oberen Räume kann man nicht betrachten, sie dienen aber dem Stadtrat für Tagungen und für Veranstaltungen.

Ich konnte zum Hubertusfest 2023 diesen wunderbaren Ort besuchen. Mich faszinierten sofort beide Schlösser, auch wenn man diese nicht wie andere Schlösser besichtigen kann. Die gesamte Parkanlage ist wunderbar gepflegt, ich entdeckte meine Lieblingsplätze am Teich hinter dem Palais, wo man herrschaftlich wandeln kann und im Barockgarten am später versetzten Brunnen links des Palais.

Ich konnte einfach nicht anders, ich musste einfach eines meiner Lieder singen am Teich. Die Stimmung dort animierte mich dazu. Als sich dann noch Besucher auf die Bänke setzten um mir zuzuhören, da ging es mir dort richtig gut!

Ich komme sicher wieder. Ein Ort der einer Oase gleicht, fernab vom hektischen Alltag. Warten wir es ab.

Das Schloss und der Park in Babelsberg in Potsdam

Nach der Heirat mit Augusta von Sachsen – Weimar – Eisenach 1829 erlaubte der König Friedrich Wilhelm III. seinem Sohn, dem Prinzen Wilhelm, den Bau eines Schlosses. 1833 übertrug der König das Areal des Babelsberges an seinen Sohn Wilhelm. Während der Bauzeit blieb das Paar im Neuen Palais wohnen. Ab 1834 wurde das Schloss Babelsberg im sog. Tudor-Stil errichtet, man bediente sich dabei an Eindrücken aus dem englischen Schloss Windsor Castle. Erst entstanden im östlichen Teil die Gemächer für Wilhelm und seine Gemahlin Augusta.

Von 1844 bis 1849 wurde der westliche Anbau errichtet, mit Festsäälen und Zimmern für die Kinder des Prinzenpaares. Augusta plante aktiv den Bau mit und griff in Planungen ein. Später widmete sie sich der Innenausstattung des Schlosses. Der Bau schritt zügig voran, 1834 plante Augusta bereits die Möbel und die Ausstattung. Dennoch muss es zu einigen Unstimmigkeiten zwischen der Bauherrin und dem Architekten Schinkel gekommen sein, da dieser 1835 der Einweihung des Schlosses fern blieb.

1841 verstarb Schinkel nach einer längeren Bauunterbrechung, Ludwig Persius setzte den Bau und die Erweiterung fort. Erst 1840 gelangte Wilhelm in den Rang eines Thronfolgers. Sein Bruder, der Nachfolger von König Friedrich Wilhelm III., wurde zum König Friedrich Wilhelm IV.

1844 wurden die Bauarbeiten am Schloss Babelsberg wieder aufgenommen. Der Architekt Persius war da bereits schwer erkrankt und verstarb 1845. Der Erweiterungsbau war unvollendet. 1845 tat der Hofbaurat Johann Heinrich Strach die Nachfolge an. 1849 konnte das Schloss eingeweiht werden.

Der spätere Kaiser Wilhelm I. nutzte das Schloss meist in den Sommermonaten. Einige historische Ereignisse fanden dort statt. 1858 besuchte die britische Königin Victoria, ihre mit dem späteren Kronprinzen verheiratete Tochter Victoria. 1861 bestieg König Wilhelm I. den preußischen Thron, nachdem sein Bruder verstorben war. 1880 verlobten sich der spätere Kaiser Wilhelm II. und Auguste Victoria aus dem Hause Holstein im Schloss Babelsberg.

1888 verstarb Wilhelm I.. Das Schloss Babelsberg wurde noch von seiner Witwe Augusta genutzt, bis zu ihrem Tode.

Jetzt standen Gesellschaftsräume und einige Wohnräume für Besucher offen zur Besichtigung.

Der Sohn Wilhelms II:, Kronprinz Wilhelm, plante einen Umbau vom Schloss Babelsberg, welches aber nicht zustande kam. Dafür entstand von 1913 bis 1917 ein eigenes Schloss, das Schloss Cecilenhof.

1918/19 wurde Wilhelm II. entmachtet innerhalb der Novemberrevolution. Die Besitztümer der Hohenzollern wurden beschlagnahmt. Die Anlage von Schloss Babelsberg wurde nicht mehr gepflegt., da die Besitzverhältnisse ungeklärt waren.

Ich stehe vor dem wunderbaren Schloss Babelsberg

1927 gelangte es unter die „Verwaltung der staatlichen Schlösser und Gärten Preußens", im selben Jahr wurde es als Museum eröffnet.

In der NS Zeit nutzte die Filmgesellschaft UFA Schloss Babelsberg gerne als Filmkulisse. Während der Bombardierungen im 2. Weltkrieg nutzte man Babelsberg zur Unterbringung von Kunstgegenständen aus den anderen Schlössern in dortigen Kellern und Untergeschossen.

1945 wurden etliche Kunstwerke wieder ausgelagert und kamen nach Sanssouci, da man Kämpfe um Babelsberg herum erwartete.

Die Rote Armee beschlagnahmte Teile der Sammlung des Schlosses und schaffte einiges in die Sowjetunion. Davon kamen erst 1958 einige Stücke zurück, andere blieben bis heute verschollen. 1948/49 zog das Zentralarchiv der Sowjetischen Besatzungszone ins Schloss, es entstand dort eine Richterausbildungsstätte .

Das Schloss Babelsberg war weitgehend von Zerstörungen im Krieg verschont geblieben. Neben dem Schloss entstanden Internatsgebäude. Im Oktober 1954 gründete man die Hochschule für Film und Fernsehen im Schloss. Zu Beginn der 60er Jahre wurde diese wieder geschlossen, da man Fluchten in den nahen Westen befürchtete. Ab 1963 wurde das Schloss ein Museum für Ur- und Frühgeschichte und 1967 ein weitere kleiner Bereich der Öffentlichkeit frei gegeben. Im Winter musste man es schließen, da sich keine Heizungen dort befanden.

1990 überließ man erste Räume des Schlosses den „Staatlichen Schlössern und Gärten Potsdam Sanssouci". Im Dezember 1990 wurden Schloss und Park ins UNESCO Welterbe aufgenommen. Erst 1999 zog das Museum für Ur- und Frühgeschichte aus. Es kam zu ersten Restaurierungen von 2013 – 2016. Seit 2019 werden nun die Innenräume instand gesetzt.

Bei meinem Besuch im September 2023 fand ich einen herrlich gepflegten Park vor. Das Schloss war leider noch nicht zu besichtigen. Man kam nicht einmal an ein Fenster heran um einen Blick hineinzuwerfen. Aber bei bestimmten Veranstaltungen wird das Innere geöffnet. Ich warte ab und freue mich auf den Tag der Neueröffnung.

Die Fassade des Schlosses lässt an einen Märchenort denken. Dazu die duftenden Blumen in den Rabatten, der Frische der Luft durch das Plätschern der Springbrunnen. Der Blick schweift ab über das Wasser des Tiefen Sees, man erhascht Blicke auf das ehemalige Jagdschloss Glienicke auf der anderen Seite. Der Park zieht einen weiter, weitere Highlights zu ergründen und zu entdecken. Das Hofdamenhaus, ein kleines Schlösschen, wird gerade restauriert. Dort gab es sonst ein Restaurant.

Der Flatow Turm erinnert an eine alte Burgfeste, ist aber ein Nachbau der Zeit, was in jenen Zeiten üblich war. Ich konnte ihn bislang nie von innen betrachten, er ist bei meinen Besuchen leider immer geschlossen.

Man taucht ein in eine Zeit der Entspannung, des inneren Friedens. Ich komme sicher wieder, entdecke Neues, aber alt Vorhandenes.

Kurze Rast am Schloss

Das Marmorpalais in Potsdam

Das imposante Schlösschen, am Heiligen See gelegen, wurde in den Jahren 1787 bis 1791 als Sommerpalais für den preußischen König Friedrich Wilhelm II. erbaut. Es galt als erster klassizistischer Bau in Potsdam, der den Stil des Rokoko ablöste. Zuerst gab es nur den Mittelteil der Anlage. Aus gesundheitlichen Gründen des Königs, er hatte zunehmend Probleme beim Treppenstiegen, baute man 1797 die beiden Seitenflügel an. Leider erlebte der König die Fertigstellung nicht mehr, er verstarb am 16. November 1797 im Marmorpalais. Nach seinem Tod nutzten Familienmitglieder das Palais im Sommer weiter.

Ab 1831 bis 1835 bezogen der Prinz Wilhelm von Preußen, der spätere Kaiser Wilhelm I. und seine Gemahlin Augusta den Mittelteil des Schlosses. 1881 wurde noch eine Sommer wohnung für den Prinzen Wilhelm von Preußen, späterer Kaiser Wilhelm II., und seine Frau Auguste Victoria eingerichtet im oberen Geschoss.

Von 1904 bis 1917 bewohnten der Kronprinz Wilhelm von Preußen und seine Frau Cecilie das Anwesen, bis ihr eigenes Schloss Cecilienhof in der Nähe fertiggestellt war. Die Namen der Herren mögen etwas irritieren, und man hat einige Mühe sie aueinander zu halten, das gelingt am Besten durch ihre Gemahlinnen.

Nach der Kaiserzeit wurde das Schlösschen für die Öffentlichkeit geöffnet. Allerdings wurde es im 2. Weltkrieg stark durch Beschuss und Brandbomben beschädigt. Nach 1945 nutzten russische Offiziere die Reste des Schlosses als Kasino.

Im Jahr 1961 wurde im Schloss und dem angrenzenden Park das Armeemuseum der DDR eingerichtet. Als Schülerin musste ich es mit der Klasse besuchen und mir blutete da bereits als Kind mächtig das Herz, als ich im Park Panzer vorfand und im Palais Waffen präsentiert wurden. Das Armeemuseum bestand eine ganze Weile, erst 1988 kam es zu einer Instandsetzung des Schlosses. Danach übernahm die Schlösserstiftung das Anwesen und führte weitere Sanierungen und Restaurierungen durch. Auch der Park wurde wieder in einen Zustand versetzt, der einem die Seele streichelt.

Seit 2006 kam man nun die historischen Räume wieder besuchen. So manches Kleinod war unter Einbauten verborgen.

Ich stehe vor dem Marmorpalais

Zu meinem Geburtstag 2024 wandelte ich im Park und wollte eigentlich auch das Marmorpalais besuchen. Als man mir dies verweigerte am Eingang, ich wollte mich heute einfach nicht herumärgern, ging ich wieder. Na dann eben nicht. …

Ich komme aber wieder. Da ich des öfteren in Potsdam bin, steht es auf meiner Liste.

Das Schloss Cecilienhof in Potsdam

Das Schloss wurde in den Jahren 1913 bis 1917 erbaut und stammt so aus einer anderen Zeit als die meisten Schlösser im Umfeld. Es war das letzte Schloss der Hohenzollern in Berlin und Potsdam.

1912 ordnete der Kaiser Wilhelm II. die Mittel für den Schlossbau an. Sein Sohn, der Kronprinz Wilhelm und seine Gemahlin Cecilie von Mecklenburg-Schwerin sollten ein eigenes Schloss bekommen. Diese hatten 1905 in Berlin geheiratet. 1906 kam der erste Sohn Wilhelm auf die Welt, ihm folgten weitere Kinder. 1907 Louis Ferdinand, 1909 Hubertus, 1911 Friedrich. In dieser Zeit lebte die Familie im Marmorpalais – das davor beschriebene Anwesen – recht beengt. 1911 zog die Familie nach Danzig um, da der Kronprinz dorthin abkommandiert wurde.

1913 wurde der Grundstein für Schloss Cecilienhof gelegt. Der Architekt Paul Schutze-Naumburg entwarf ein Schloss im Tudor Stil, ähnlich englischer Landsitze. Dann begann der Erste Weltkrieg und die Arbeiten am Schloss wurden erst einmal eingestellt.

1915 wurde die Tochter Alexandrine geboren. Zu dieser Zeit lebte die Familie im Kronprinzenpalais Unter den Linden in Berlin. Erneut in anderen Umständen bezog die Kronprinzessin Cecilie im August 1917 die fertigen Räume im Schloss Cecilienhof und bekam dort ihr 6. Kind, die Tochter Cecilie. Zum 1. Oktober 1917 war der Schlossneubau endgültig fertig. Es gab 176 Räume in dem imposanten Bau mit 5 Höfen.

Zum Ende des Krieges 1918, dankte der Kaiser ab. Das Vermögen des Hofes wurde eingezogen. Die Familie des Kronprinzen bekam ein lebenslanges Wohnrecht auf Cecilienhof eingeräumt.

In der NS Zeit war die kaiserliche Familie geteilter Meinung zu den Machthabern. Der Kaiser, der jetzt in Doorn lebte, und die kronprinzliche Famile waren gegen die Nazis. Der Prinz August Wilhelm mit seinem Sohn standen auf der Seite der Nationalsozialisten. Der Cecilienhof stand bald unter Beobachtung durch die Gestapo im Rahmen des geplanten Attentats am 20. Juli 1944. Es trafen sich dort eher unabhängige Persönlichkeiten. Im Kriegseinsatz fielen auch einige Prinzen, bis zum sogenannten „Prinzenerlass", einem Verbot der Teilnahme am Krieg für Angehörige der Hohenzollern. 1941 verstarb der frühere Kaiser Wilhelm II. im Exil in Doorn.

Ich stehe vor dem Schloss

Bis 1945 bewohnte die Famile Schloss Cecilienhof, flohen dann aber vor der näherrückenden Roten Armee. Sie ließen fast ihren gesamten Besitz zurück. Am 27. April 1945 besetzten Truppen der Roten Armee das Anwesen. In dieser Zeit fielen viele Einrichtungsgegenstände zum Opfer.

Seit den 1960 er Jahren wurde ein Teil des Schlosses als Hotel genutzt. Leider ist es heute nicht mehr vorhanden, auch wenn 1994/95 ein neuer Betreiber dort einstieg.

Im Mai 1945 wurde die frühere Wohnhalle zum Konferenzsaal und blieb als „Potsdamer Konferenz"in der Geschichte bekannt. Hier trafen sich Winston Churchill (England), abgelöst durch Clement R. Attlee, mit Stalin (Russland) und Roosevelt (USA), Nachfolger Harry S. Truman, um über die Nachkriegsordnung von Deutschland zu beraten. Lange Zeit war dieses Ereignis politisch gefärbt in der DDR, heute kann man sich dem Geschehen unvoreingenommener nähern.

Nach dem Ende der Konferenz wurden das Schloss und der Park der Öffentlichkeit frei gegeben. Erst nutzte der Demokratische Frauenbund (DFB) das Schloss für Schulungen.

1990 stellte man das Anwesen als Weltkulturerbe unter den Schutz der UNESCO, es befindet sich heute unter der Verwaltung der Stiftung Preußischer Schlösser und Gärten Berlin – Brandenburg.

Ich besuchte Schloss und Park Cecielienhof genau an meinem Geburtstag im Februar 2024. Selbst war ich in der Mode der Zeit um 1900 gekleidet und konnte so der Kronprinzessin meine Aufwartung machen. Das Wetter spielte mit und ich flanierte um die Anlage und genoss einfach die Ruhe dort. Ich hatte Glück, denn wenig später erfuhr ich, das eine weitere Sanierung des Anwesens anstünde und dieses daher eine Weile geschlossen wäre.

So genoss ich meinen Aufenthalt dort sehr und komme sicher wieder.

Beim wandeln durch die Anlage

Die Villa Elysium in Dresden (Bautzener Str.)

Etwa um 1845 wurde diese Villa als Ausflugslokal errichtet. Sie entstand als Ort für Feiern der sächsischen Königsfamilie. Ihre Nutzung änderte sich mehrfach, einmal wurde sie zum Wohnsitz von Juristen, Diplomaten, hohen Militärs. In naher Entfernung enstanden um 1850 die drei Elbschlösser am Hang der Elbe. Das gesamte Gebiet entfaltete einen neuen Reiz.

Der Zigarettenfabrikant Buchholz übernahm die Villa angenehmen Wohnsitz. Im Dresdner Umfeld boomten einige Zigarettenfabriken. Die Villa wurde umgebaut und zur Turmvilla, aber auch der Garten entstand mit Terassen, Treppen, Grotten, ganz im Geschmack der Zeit.

Nach 1945 übernahm die sowjetische Sicherheitsbehörde, vor dem späteren Ministerium für Staatssicherheit, das Gebäude als Ort für Vernehmungen. Nach der Gründung des Ministeriums für Staatssicherheit (MfS) wurde die Villa zur Kreisdienststelle Dresden. Im gesamten Umfeld entstanden weitere Bauten des MfS, sie wurden extra abgesichert. Jetzt war die positive Nutzung der Villa vorbei. Nur wenige Meter weiter wurde auch die Haftanstalt des MfS erbaut, somit wurde die Gegend zu einem abgesicherten Bereich.

Heute befinden sich exclusive Eigentumswohnungen in der alten Villa, nachdem diese 2008/09 fachgerecht saniert wurde. Dennoch möchte ich nicht in einem ehemaligen Stasibereich wohnen!

Blick auf die alte Turmvilla Elysium (Foto: K.T.)

Die Villa Grumbt in Dresden (Bautzener Str.)

1869 entstand das Dampfsägewerk von Carl Ernst Grumbt. Bereits 1888 konnte sich Grumbt eine repräsentative Villa errichten lassen. Seine Geschäfte liefen sehr gut. Mit seinen Steinbrüchen, Sägewerken und einem eigenen Schifffahrtsunternehmen wurde er rasch zu einem sehr reichen Mann in Sachsen. Der Zeitpunkt der Entstehung der Villa ist in mehreren Quellen unterschiedlich angegeben. Mal 1888, dann wieder 1899. Nach Fertigstellung der imposanten Villa wohnte Grumbt mit seiner Familie im Obergeschoss. Im Erdgeschoss befanden sich Geschäftsräume. Die Dienstboten wohnten im Dachgeschoss. Zeitweilig wurden auch Räume vermietet in der Villa.

Ab 1933 bis 1937 wohnte der Oberbürgermeister der Stadt Dresden, Ernst Zörner, Mitglied der NSDAP, in der Villa. Bis 1945 gehörte die Villa der Familie Grumbt. Dann wurde die enteignet.

Danach zog ein Offizierskasino der Roten Armee und eine Bibliothek in die Villa. Im Februar 1945 zerstörte ein Bombentreffer das Anwesen. Auf den Grundmauern entstand ein Mehrzweckgebäude mit einer Telefonzentrale des Ministerums für Staatssicherheit. Im Obergeschoss gab es einen Kinosaal.

Nach der politischen Wende 1990 bekam die Familie Grumbt die Reste der Villa und das Grundstück zurück und verkaufte diese 1994 an den Geschäftsmann Jörg Mussotter. Jetzt wurden die Reste der Villa aufwendig saniert, spätere Anbauten entfernt.Bis 2012 gab es ein Einrichtungshaus im neuen Gebäude. 2013 wurde die neue Villa wieder verkauft und durch das Hochwasser in diesem Jahr stark beschädigt. Diese Schäden konnten rasch beseitigt werden, neue Mieter zogen ein.

Heute befinden sich Wohnungen im neuen Gebäude, von der einstmals sehr ansehnlichen Villa ist nicht mehr viel übrig geblieben. Ein Rundbau hat sich auch im neuen Aufbau erhalten. Im Umfeld wird noch viel gebaut und gewühlt. Alte Bäume fallen künftigen Plänen zum Opfer.

Das auch dieses Gebäude eng mit der Staatssicherheit verbunden war, gerät leicht ins Vergessen. Auch W. Putin verkehrte einst in diesen Räumen im Rahmen seiner damaligen Tätigkeit beim KGB. Das ist belegt und verschafft einem heute in den Zeiten des Ukraine Krieges ein etwas eigenartiges Gefühl.

Blick auf Baustelle und ehem. Standort der alten Villa

Die Villa Madaus in Dresden (Bautzener Str.)

Im Jahre 1919 wurde in Bonn durch den Arzt und Unternehmer Gerhard Madaus und seine beiden Brüder ein Pharmaunternehmen gegründet, welches homöopathische und biochemische Präparate herstellte. 1929 produzierte man in Radebeul nahe Dresden.

1934 entstand die neue Villa in der Bautzener Straße und Madaus zog dort mit seiner Familie ein. Nach dem Krieg wurde die Villa enteignet samt des Werkes in Radebeul. Das Unternehmen zog sich zurück nach Bonn 1945.

Im Keller entstanden provisorische Haftzellen durch die russischen Besatzer. In die Räume der Villa zogen medizinische Versorgungseinrichtungen ein. Erst dienten sie ausschließlich der Versorgung von Mitarbeitern der Staatssicherheit, später gab es dort auch Arztpraxen, die allen offen standen. Ob diese medizinischen Einrichtungen auch Häftlinge des Hafthauses betreuten, ist mir nicht bekannt. Aber es lag nahe, denn als ich den Haftort besuchte, „sah" ich eine weiss gekleidete Gestalt durch den Haftkomplex gehen und dachte mir erst gar nichts dabei. …

Das Gebäude der Villa soll sich in Privatbesitz befinden und steht wohl leer. Bei meinem Besuch im März 2024 stand ich am Bauzaun an der Seite des Haftgebäudes und ließ diesen Ort auf mich wirken.

Blick zur ehem. Villa Madaus

Die Villa Sadofsky in Dresden (Bautzener Str.)

Im Jahr 1892 soll die imposante Villa erbaut worden sein. Einstmals reich verziert, wurde sie 1928/29 für den Fabrikbesitzer Arthur Sadofsky umgebaut in einen eher schlichten Landhausstil.

Nach 1945 entstanden auch in diesem Keller Hafträume des russischen Sicherheitsdienstes. Auch die Staatssicherheit nutzte die Villa weiter, sie wurde einige Zeit zu einem Klub.

Heute soll sich auch diese Villa in Privatbesitz befinden. Sie steht etwas abseits von den anderen MfS Gebäuden des Umfeldes. Von der Straße hat man einen guten Blick. Trotz der erschreckenden Nutzung der Gebäude im Umfeld, hatte diese Villa eine besondere Anziehung auf mich. Zu gerne hätte ich mir ihren früheren Garten angesehen, aber die Villa war eingezäunt und erlaubte nur einen Blick durch die Absperrung. Für einen Blick von der Elbseite, fehlte mir leider die Zeit. Aber das werde ich einmal nachholen.

Das Gebäude strahlt etwas Geheimes aus, eigentlich nicht negativ. Es hat sicher noch nicht jedes Geheimnis in seinem Inneren preisgegeben.

Blick zur ehem. Villa Sadofsky

Das Schloss in Chemnitz – früheres Kloster

Eigenartigerweise kennen viele Chemnitzer das Schloss und seinen Standort nicht. Ich selbst kann mich nicht an ein Schloss inmitten der Stadt Chemnitz erinnern, auch wenn ich mich in den 1980 er Jahren zur Berufsausbildung in Zschopau befand. Wahrscheinlich liegt es daran, das es sich um einen sehr alten Bau handelt und die Stadt erst später zur eigentlichen Blüte gelangte.

1136, also sehr früh. wurde ein Benediktiner Kloster gegründet. Sehr lange gab es eine klösterliche Nutzung, bis zur Reformation 1540. Ca. 1546 wurde das Kloster aufgegeben und es erfolgte 1548 ein Umbau in ein kurfürstliches Schloss für den Herzog Moritz. Ab 1553 wurde es zu einem Jagdschloss.

Seit 1611 nutzte es der Kurfürst Johann Georg I.öfter. 1632 und 1634, im Dreßigjährigen Krieg, wechselten die Besitzer mehrfach. Kaiserliche Truppen, kurfürstliche und schwedische Truppen wollten das Areal einnehmen, ließen aber Verwüstung und Zerstörung zurück. 1668 zog Wolf Günther von Carlowitz ins Schloss und bekam die Erlaubnis erteilt, Gottesdienste abhalten zu können. Nach seinem Tod änderte sich die Nutzung wieder mehrfach. Es wurde zum Lager, zur Gastronomie, Veranstaltungsplatz aber auch zum Wohnraum.

1702 verkaufte der Kurfürst Friedrich August I. das Vorwerk im nahen Umfeld. Der Augustusburger Amtshauptmann von Günther übernahm es als Rittergut mit eigener Gerichtsbarkeit. Viel wurde nicht zum Erhalt beigetragen, so verfielen ganze Gebäude und mussten entfernt werden.

In den Napoleonischen Kriegen wurde das Schloss zum Lazarett und Militärmagazin.

Im 19. Jahrhundert entstanden durch die Industrialisierung typische Mietskasernen und es gründeten sich einige Fabriken im Umfeld. Die Gegend wurde zur Arbeitergegend. 1884 übernahm die Stadt Chemnitz das Schloss, aber ohne Kirche. 1880 wurde de Gemeinde nach Chemnitz eingemeindet. Restliche Gebäude auf dem Schlossberg wurden 1930 zum Schlossbergmuseum, welches bereits 1931 eröffnete.

Im Krieg erlitt das Museum einige Zerstörungen, welche aber erst 1979 entfernt wurden und eine Sanierung erfolgte.

Blick zum Schloss über den Schlossteich

Noch heute dienen restliche Gebäude des einstigen Klosters/Schloss als Museum. Man erkennt noch immer seine frühere klösterliche Nutzung alleine schon durch die Wandelgänge und einige Fenstergestaltungen. In der oberen Etage befand sich einst der Schlafsaal der Mönche, in diesen zog die Herrschaft in der Nutzungszeit als Schloss ein. Es fällt nicht leicht, es sich vorzustellen.

Als ich April 2024 den Schlossberg besuchte, regnete es wie aus Kannen. Gerne wäre ich einmal um den Schlossteich gelaufen. Dieser wurde 1493 als Fischteich für das Kloster angelegt. Über den Schlossteich hat man einen schönen Blick auf den Schlossberg. Leider war er sehr aufgeweicht und ich eilte mich aus dem Park zu kommen.

Am Fuße des Berges findet man gut erhaltene historische Häuser.

Bei gutem Wetter sicher ein schönes Plätzchen. Einen Besuch kann ich empfehlen. Sehen wir mal, ob es mich wieder einmal in die Nähe verschlägt.

Blick zum Schlossberg von der Straße

Das Siegertsche Haus in Chemnitz

Bei meinem Spaziergang durch die Stadt entdeckte ich das auffällige Gebäude in rosa. Es wurde in den Jahren 1737 bis 1741 erbaut, der Chemnitzer kaufmann Johann Christian Siegert hatte das Grundstück am Markt erworben. Er ließ dort das auffällige Haus errichten als Wohn- und Geschäftshaus.

Nach dem 2 Weltkrieg war es stark zerstört, erhalten blieb nur ein Teil der Fassade. 1953/54 wurde das Gebäude wieder aufgebaut, Nebengebäude stilistisch angepasst durch Barockelemente und klassizistische Ausschmückung. Auffallend sind das geschmückte Giebeldreieck mit zwei Kartuschen, in denen Familienwappen und Initialen von Johann Christoph Siegert integriert sind. Aber auch die Sandsteinfiguren des Chemnitzer Bldhauers Johann D. Klöß. Einfach eine Augenweide!

Heute befinden sich Ladengeschäfte im Erdgeschoss, darüber Wohnungen.

Blick auf das Haus vom Markt aus

179

Das Schloss Sanssouci in Potsdam mit der Bildergalerie und den „Neuen Kammern"

Immer wenn ich in Potsdam bin, besuche ich auch den Park und das Schloss Sanssouci. Es ist einfach ein Ort, an welchem man die Hektik der Großstadt rasch hinter sich lassen kann. Nur wenige Minuten dort wirken immer wieder Wunder.

1740 bestieg der preußische König Friedrich II. den Thron. 1744 begann er Pläne für sein eigenes privates Schloss. Bereits 1747 fand die Einweihung des Schlösschens statt, welches von ihm „Sans souci" (ohne Sorge) genannt wurde. Die Arbeiten am Marmorsaal waren noch nicht abgeschlossen, sie zogen sich bis 1748 hin.

Es waren 5 königliche Appartments und 5 Gästezimmer entstanden. Nur dort konnte sich Friedrich II. vom höfischen Protokoll abwenden. Hier war er privat, hier spielte er seine wunderbaren Flötensonaten, komponierte.

Neben dem Schlösschen entstanden zu beiden Seiten flache Nebenschlösser in den Jahren 1755 bis 1763. Das eine nahm seine umfassende Bildergalerie auf, die er gerne besuchte., auf der anderen Seite enstand das Schlösschen „Neue Kammern". Hier befanden sich weitere Gästezimmer. Beide Schlösser sind ähnlich gestaltet. Um diese Gebäude herum finden sich noch heute Themengärten. Wenn Sie sich in der Nähe befinden, versuchen Sie auch diesen „Nebengebäuden" einen Besuch abzustatten. Die Gärten lohnen sich alle Male. Man entdeckt aber auch jedes Mal etwas Neues, oder es liegt einfach an der Wirkung zu verschiedenen Zeiten.

Folgt man dem Besucherstrom durch das Schloss, emfinde ich immer so etwas wie Ehrfurcht vor dem König. Unweit von seinem Herzensprojekt befindet sich sein Grab, auf welchem man immer Kartoffeln vorfindet. Ein Dank, für die Einführung dieses nahrhaften Gemüses. Der Blick vom Schloss Sanssouci ist jedesmal wieder wert, all die steilen Wege oder die Treppenstufen zu erklimmen.

Seitenblick auf Sanssouci

Ich sitze im Park von Sanssouci – im Hintergrund das Schloss

Das chinesische Teehaus im Park von Sanssouci

Gebaut wurde es nach Skizzen von Friedrich II. in den Jahren 1755 bis 1764. Die lange Bauzeit hängt mit dem 7jährigen Krieg zusammen, welcher Preußen eine sehr angespannte Wirtschaft bescherte. Erst nach dem Krieg, 1763, wurden die Inneräume ausgebaut. Es diente kleineren Festen im Park. Um diese besser versorgen zu können, ließ der König nur wenige Meter weiter die chinesische Küche erichten. Dort konnten Speisen bereitet werden.

Lange Zeit war das Gebäude sehr unscheinbar, jetzt hat es eine neue Farbe bekommen. Ich entdeckte es erst vor Kurzem und fragte mich was es wohl für ein Gebäude gewesen ist. Auch hatte ich noch nicht das Vergnügen, das Teehaus von innen betrachten zu können. Es war immer geschlossen. Schon von weitem strahlen einem die goldenen chinoisen Figuren rund um das Teehaus entgegen.

Ich stehe im April 24 vor dem Teehaus

Die Gotische Bibliothek in Potsdam

Am Südufer des Heiligen Sees findet man das Bauwerk. Es ist ein zweigeschossiger Pavillon. Er befindet sich genau in Sichtweite zum Marmorpalais. In den Jahren 1792 bis 1794 wurde er für den König Friedrich Wilhelm II. errichtet. Man kann ihn für eine kleine Kapelle halten. Eine Wendeltreppe führt ins obere Geschoss. Der König nutzte das Gebäude als private Bibliothek. Im unteren Geschoss sollen Bücher der klassischen französischen Literatur gestanden haben, oben deutsche Klassiker und Schriften der Rosenkreuzer, denen der König verbunden war.

In den 1930 er Jahren gelangten Bücher aus der historischen Bibliothek ins Stadtschloss Potsdam, wo sie im Mai 1945 bei einem Bombenangriff verbrannten. Ebenfalls bei einem Bombenangriff rutschte das Bibliotheksgebäude ab in Richtung des Heiligen Sees. Das Gebäude wurde stark beschädigt und verfiel.

Erst 1993 zum 1000. Geburtstag von Potsdam gelangten Gelder zur Erhaltung und Restaurierung des Gebäudes in die zuständigen Hände. 1995 bis 1997 wurden die Fundamente gesichert und die Bibliothek aus Originalteilen wieder hergestellt.
Heute kommt man nicht hinein, kann aber durch die Fenster hinein sehen. Mir stellte sich aber seitdem die Frage, ob nicht die Feuchtigkeit des Seeufers auch die Bücherbestände beschädigt hatte?

Ich freue mich sehr, das man dieses Gebäude aus der Zeit des Königs Friedrich Wilhelm II. wieder erstehen lassen hat. Ehrlich ein imposantes Gebäude mit einer wunderschönen Aussicht über den See.

Blick vom Eingang zum Park auf die Bibliothek

Das Palais Lichtenau in Potsdam

Unmittelbar an das Parkgelände des Neuen Gartens grenzt das klassizistische Palais. Erbaut wurde es 1796 bis 1797. Der König Friedrich Wilhelm II. hatte das Gelände bereits im Mai 1790 gekauft. Das Palais entstand auf königliche Anweisungen und Kosten.

Der Geheime Kämmerer Johann Friedrich Ritz und seine Gemahlin, die spätere Gräfin Lichtenau, bekamen das Grundstück übertragen. 1796 bereits war das Dach fertig, die Ausstattung der Innenräume zog sich bis 1797 hin. 1796 wurde die Ehe des Kämmerers Ritz mit der früheren Mätresse König Friedrich Wilhelm II. aufgelöst. Aus der Wilhelmine Encke, verheiratete Ritz, wurde die Gräfin Lichtenau. Bewohnt hatte die Gräfin Lichtenau das Palais wohl nie, es wurde als standesgemäßes Objekt des Kämmerers Ritz erbaut.

Johann Friedrich Ritz und seine neue Gemahlin, Henriette Baranius, eine Schauspielerin, nahmen sich bald einen anderen Wohnsitz, der heute als Villa Ritz bekannt ist. 1801 wurde das Palais Lichtenau verkauft, es folgten einige Besitzer.

1927 kaufte eine Familie von Lüttwitz das Anwesen und verblieb dort bis 1945.

1945 bis 1955 wurde die Villa von der Roten Armee als Planungsbüro und Verwaltung genutzt des VEB Spezialbau Potsdam.

1988/89 plante das Institut für Denkmalpflege eine Restaurierung und das Standesamt zog ein. Bis 2007 wurde das Palais zur Ausweichspielstätte des Hans-Otto-Theaters Potsdam.

Einige Jahre Leerstand, eine Insolvenz einer Besitzerin und 2011 – 2013 zog eine Hautklinik der derzeitigen Besitzer in die klassizistische Villa. Sie soll auch weiterhin als Veranstaltungsort genutzt werden.

Ich konnte die Villa Lichtenau im April 2024 besuchen und erfreute mich sehr an dem Garten direkt am Haus. Vor einigen Jahren war ich schon einmal dort, konnte sie aber nur von außen an der heute viel befahrenen Straße in Augenschein nehmen. Da wirkte sie noch etwas düster.

Blick von hinten auf das Palais

Man kann die Villa heute von hinten über einen Treppenlauf oder über den einstigen Gartensaal betreten. Ich traute mich aber nicht so einfach hinein, auch wenn sich heute die Klinik in ihr befindet. Aber ich genoss die Ansicht von der Gartenseite sehr.

Aber was wurde eigentlich aus der Gräfin Lichtenau? Sie war in den Jahren 1769 bis 1782 die Mätresse des Königs Friedrich Wilhelm II.. Sie hatten 6 Kinder miteinander, aber 4 Kinder verstarben bereits im Kindesalter. Nur die Tochter Marianne von der Marck wurde erwachsen. 1769 ließ sich Friedrich Wilhelm von seiner 1. Gemahlin Elisabeth Christine von Braunschweig-Wolfenbüttel scheiden. Er heiratete neu, Friederike Luise von Hessen-Darmstadt.

1777 wurde Wilhelmine Encke durch den derzeitigen König Friedrich II. als Mätresse des Prinzen Friedrich Wilhelm anerkannt. 1782 löste Friedrich Wilhelm die Verbindung zu Wilhelmine Encke (spätere Gräfin Lichtenau). Diese heiratete dann den Kammerdiener und Kämmerer Ritz.

Die Madame Ritz blieb aber eine enge Vertraute von Friedrich Wilhelm, der ihr und den Kindern in Berlin ein Palais Unter den Linden schenkte. Es wurde später das „Niederländische Palais" genannt nach späteren Besitzern. Zur Zeit des Baus des Marmorpalais am Heiligen See, war der König Friedrich Wilhelm II. bereits mit Julie von Voss verbunden. Diese verstarb 1789 und er war dann mit Sophie Juliane von Dönhoff verbunden. Er hatte wohl ein sehr bewegtes Leben.

Madame Ritz musste sich von ihrem Mann scheiden lassen, damit ihre Tochter Marianne von der Mark standesgemäß heiraten konnte. Aber es gab auch Kinder in der Ehe von Madame Ritz, es war also keine Scheinehe. 1796 wurde die einstige Mätresse und Madame Ritz zur Gräfin von Lichtenau erhoben und offiziell als Gräfin bei Hofe eingeführt. Nur so konnte die Tochter gut verheiratet werden, aber dennoch scheiterte diese Ehe nach 2 Jahren. 1802 heiratete die Gräfin Lichtenau den Theaterdichter Franz Ignaz Holbein von Holbeinsberg. Aber auch diese Ehe wurde bereits 1806 wieder geschieden, die Gräfin kam zurück nach Berlin. 1820 verstarb sie und wurde in der Gruft der Hedwigskirche beigesetzt.

1943 wurde die Gruft als Luftschutzkeller eingerichtet und die Toten auf den St. Hedwigsfriedhof umgebettet. 1961 wurde ihr Grab erneut abgeräumt, da der Ort zum Todesstreifen der Berliner Mauer wurde.

Heute soll sich eine Grabstelle auf einer Grünfläche befinden im ehemaligen Todesstreifen. Ich werde es mir ansehen und darüber berichten.

Irgendwie kam und kommt die Gräfin Lichtenau nicht so ganz zur Ruhe!

Blick von der Straße

Das Orangerie-Schloss in Potsdam – Noch einmal . . .

Dieses Schloss wurde in den Jahren 1850 bis 1863 erbaut. 1840 bestieg der König Friedrich Wilhelm IV. den preußischen Thron, etwa 100 Jahre nach Friedrich dem Großen.

Was ich sehr faszinierend finde, ist das es im Potsdamer Umfeld diverse Schlossanlagen aus diversen Zeiten gibt. Räumlich wirken sie heute oft miteinander verbunden, aber man sollte sie einzeln und in ihrer eigenen Zeit betrachten. So kann man leicht in den Strudel einer Art Zeitreise geraten.

Das Orangerieschloss ist in der Form der italienischen Renaissance entstanden. Es befindet sich nicht weit vom bekannten Sanssouci und ist doch völlig anders gestaltet. Die breiten Flügel zur Unterbringung der Pflanzn in der Orangerie, verschleiern auf eine interessante Art, dass es sich um ein Wohnschloss handelte. In seinem Inneren findet man prunkvolle Räume vor, der Innenausbau fällt in die Zeit von 1858 bis 1859. Neben dem Raffael Saal, der zur Präsentation von Gemälden dient, finden sich einige Wohnräume bzw. Appartments vor. Diese bestechen durch aufeinander abgestimmte Farben und Ausstattungen. Ich hätte diese Ausstattung dort nicht so erwartet und freue mich nun jedesmal, wenn ich diesen Ort besuchen darf.

Auffallend sind auch die Terassen und Gartenanlagen um die Gebäude herum. Zu jeder Jahreszeit lassen sich dort highlights finden. Ich finde hier kaum Worte um meine Empfindungen dort zu beschreiben. Besuchen Sie diesen magischen Ort und genießen Sie es einfach.

Am Orangerieschloss im Februar zu meinem Geburtstag

Das Schloss Friedrichsfelde in Berlin

1685 wurde es als „Schloss Rosenfelde" durch den Generalmajor Benjamin Raule er-richtet. Dieser fiel bereits 1698 in Ungnade, er kam in Haft und wurde enteignet. Das Anwesen gelangte in den Besitz des preußischen Kurfürsten, dem späteren König Friedrich I. Jetzt wurde es in „Friedrichsfelde" umbenannt. 1717 verstarb der König Friedrich I., das Schloss samt Park gelangte in die Hände des Halbbruders des Königs, Marggraf Albrecht Friedrich von Brandenburg-Schwedt. 1719 wurde es umgebaut und vergrößert. 1731 veestarb der Marggraf, sein Sohn erbte das Schloss.

Im Jahr 1762 gelangte das Anwesen in die Hände des Prinzen Ferdinand von Preußen, eines Bruders Friedrich II. 1785 bezog der Prinz August Ferdinand sein neues Schloss im Tiergarten, das Schloss Bellevue. Das Schloss Friedrichsfelde wechselte jetzt öfter seine Besitzer. 1785 kaufte es der Herzog von Kurland. 1799 ging es an den Hofbuch-drucker Georg Jakob Decker. Bereits ein Jahr später, 1800, übernahm die Herzogin Katharina von Holstein-Beck Schloss Friedrichsfelde. Sie bewohnte es bis zu ihrem Tod im Jahr 1811.

Die heutige Gestalt, eine frühklassizistische, bekam das Schloss um 1800. Die Kinder der Herzogin erbten das Anwesen, Fürst Iwan Iwanowitsch von Barjatinsky und Gräfin Anna Iwanowna von Tolstoi. 1807 wurde das Schloss für kurze Zeit zum Hauptquar-tier für den Feldmarschall Davout. Friedrich August I; wurde von Juli 1814 bis 1815 dort gefangen gehalten, der an der Seite Napoleons gekämpft hatte. Mit seinem „Aus-zug" war das höfische Leben in Friedrichsfelde vorbei.

1816 kaufte Carl von Treskow das Anwesen und betrieb eine Gutswirtschaft. 1821 legte Peter Joseph Lennè eine Parkanlage an, die man noch heute erkennen kann.

Im 2. Weltkrieg blieb das Schloss halbwegs unbeschädigt. Es fiel danach der Bodenre-form zum Opfer (1945) und wurde enteignet. 1946 bis 1948 war Charlotte von Mahls-dorf mit ihrer Gründerzeitsammlung dort untergebracht.

1954 wurde der Berliner Tierpark angelegt, Schloss und angrenzende Gebäude wur-den zu Ställen.

1970 und 1981 wurde das Schloss renoviert. Der frühere Tierparkdirektor, Heinrich Dathe; verhinderte Pläne zum Abriss des Schlosses. Heute gehört es wieder zum Tierpark.

Einige Jahre fand dort jährlich das Rokokofest statt. Leider ist das nun vorbei, auch die dortigen historischen Bälle sind mittlerweile Geschichte.

Heute befindet sich ein gemütliches Cafè im Erdgeschoss des Schlosses, die anderen Räume kann man besichtigen. Ich finde es nur etwas fragwürdig, dass man um überhaupt zum Schloss zu kommen, den Tierparkeintritt zahlen muss. Erst dann kann man zum Cafè gelangen.

Im Mai 2024 besuchte ich in netter Begleitung das Cafè und fühlte mich dort sofort wohl. Leider hat es nicht jeden Tag geöffnet, also sollte man einen Besuch im Tierpark planen, wenn das Cafè geöffnet ist. Aber auch der ziemlich weitläufige Tierpark hat so seine Reize und man entdeckt immer wieder etwas Neues. Es finden auch Veranstaltungen, wie Konzerte im Schloss statt.

Am Eingang zum Schloss Friedrichsfelde

Mich beschleicht dennoch ein etwas trauriges Gefühl dort, da die Rokokofeste und andere Veranstaltungen eine Zeit lang zu meinem Leben gehörten.

Schloss und Park sind ein Ort der Ruhe und der Entschleunigung, das mitten in Berlin. Wer auf einer Bank ausruht in der Nähe des Schlosses, wird mit einem schönen Blick belohnt. Noch ist es etwas mühsam zum Schlossgelände zu kommen aufgrund von langjährigen Bauarbeiten. Aber immerhin fährt die eine Straßenbahn wieder genau vors Gelände.

Das Wasserschloss Klaffenbach (früher Neukirchen)

Bauherr dieses Wasserschlosses ist Wolf Hünerkopf, ein Münzmeister aus Annaberg. Er gelangte zu Ansehen und Geld. 1539 wurde er durch den Kurfürsten Johann Friedrich I. geadelt. 1543 kaufte er einige Ländereien und ließ sich das Wasserschloss errichten. Die Söhne von ihm verkauften es wieder an den Kurfürsten. Dieser verpachtete es an seinen Jägermeister Paul Gröbel.

1609 in etwa kaufte es der Oberstleutnand und Stallmeister Dietrich von Taube. Er lebte meist am kurfürstlichen Hof. 1639 verstarb Dietrich von Taube, das Schloss verblieb in der Familie und sie bewohnte es ab 1709 wieder. 1819 verkaufte Moritz von Taube das Gut samt Schloss an die Kaufmannsfamilie Hänel, später Clauss. Der Besitz wurde aufgeteilt.

1909 übernahm die Landesbank Berlin das Anwesen bis 1926. Danach gelangte es in die Zuständigkeit der Gemeinde Klaffenbach.

1935 nutzte der Reichsarbeitsdienst das Schloss als Lager. Nach dem Krieg zogen russische Soldaten ein, eine Kommandantur wurde eingerichtet. Um das Anwesen nutzte man die Flächen zum Anbau von Kartoffeln, Getreide und Rüben.

1947 wurde das Schloss zum Mädchenheim vom Jugendamt. Seit 1949 wurde es zum Jugendwerkhof für Mädchen. Das in diese Jugendwerkhöfe in der DDR eher politisch motivierte Einlieferungen erfolgten ist heute bekannt. Die Mädchen passten nicht ins sozialistische Weltbild. Sie mussten in der Landwirtschaft arbeiten oder in der Industrie im Umfeld und bekamen wenig Entlohnung. Sie bekamen dort nur die Möglichkeit zu einem Teilfacharbeiter und hatten nach ihrem Aufenthalt dort noch lange unter den Folgen zu leiden. Das Prädikat „schwer erziehbar" bekam man damals schnell verpasst. Das diese Betroffenen oft aus traumatischen Verhältnissen kamen, interessierte keinen! 1989 wurde der Jugendwerkhof geschlossen, das Schloss befand sich in keinem guten Zustand.

1991 wurde der Gebäudekomplex saniert mit Fördergeldern der EU, des Freistaates Sachsen und der Bundesrepublik. Leider wurden dabei auch alle Zeugnisse der Unfreiheit der Mädchen beseitigt, oftmals fällt es den Betroffenen daher schwer ihren Leidensweg verständlich zu machen.

Blick von der Straße auf das Schloss

1997 wurde das Bauensemble in den Besitz der Stadt Chemnitz übertragen. Seit 2006 finden dort Kulturveranstaltungen statt, Tagungen und Kongresse, aber auch Feste und Hochzeiten, Konzerte, Märkte u. a.

Der verschüttete Wassergraben wurde bereits in den Jahren 1992 bis 1994 frei gelegt.

Heute befindet sich eine wechselnde Ausstellung im Schloss, besonders beachtenswert ist die Holzbalkenkonstruktion im Dach. Der Saal ist heute Veranstaltungsraum, früher diente es als Speicher.

Blickt man von außen auf das Schloss fällt einem sofort die Dachkonstruktion ins Auge. In den umgrenzenden Gebäuden des Hofes befinden sich heute ein Schlosshotel, Restaurants, Hofläden wie Kerzenladen, Porzellanstudio u. a.

Blick von außen auf das Schlosshotel

Etwas unscheinbar findet man an einem der Gebäude eine Informationstafel, welche auf die Nutzungszeit als Jugendwerkhof für Mädchen (von 14-18 Jahren) hinweist. Ich hätte mir den Erhalt eines Raumes oder ähnliches gewünscht. Aber immerhin wird es erwähnt, das ist bis heute nicht überall der Fall.

Ich besuchte Klaffenbach im April 2024 im Rahmen einer Rechercherreise durch einige Schlösser rund um Chemnitz. Die Anlage ist nicht sehr groß, man kann sie bald umrunden. Ich besuchte den kleinen Park außen und wohnte für eine Nacht im dortigen Schlosshotel.

Das Jagdschloss Augustusburg

Das Jagdschloss wurde in der Zeit von 1568 bis 1572 erbaut im Stil der Renaissance.

An seiner Stelle befand sich eine ältere Burganlage, die Schellenburg. Diese stammte aus der Zeit um 1210 bis 1230, was archäologische Befunde ergaben. 1324 ging die Burg an die Wettiner, wurde im späten 14. Jahhundert weiter ausgebaut. In den Jahren 1528 und 1547 wurde sie durch einen Brand und einen Blitzeinschlag stark beschädigt. 1567 sollte mit der Grundsteinlegung des Schlosses begonnen werden, nach dem Abriss der Burg, aber es verzögerte sich durch einen Wintereinbruch.

Es entstanden vom neuen Schloss erst das sogenannte Sommerhaus, dann folgten die anderen Eckhäuser Hasen-, Linden-, und Küchenhaus. Diese wurden quadratisch angeordnet und mit Zwischengebäuden verbunden, es bildete sich ein Innenhof. Dem Kurfürsten dauerte der Bau zu lange und er entließ zwischendurch den Bauleiter 1571, es übernahm der Florentiner Rochus Guerini Graf zu Lynar die Aufsicht über das Bauen. Januar 1572 fand die Einweihung statt, restliche Innenarbeiten wurden noch innerhalb des Jahres beendet. Wunderbare Bilderdecken waren entstanden.

1568 bis 1577 wurde ein Brunnen in den Felsen getrieben und ist seitdem der zweittiefste in Sachsen. Ein Brunnenhaus im hinteren Teil des Schlosses ist noch heute erhalten. In den drei Eckhäusern lagen Wohnungen. Die kurfürstliche Familie bewohnte das „Lindenhaus", der Kurfürst bezog das Erdgeschoss, die Kinder das 1. Obergeschoss und die Kurfürstin das 2. Obergeschoss. Zur Jagd wurden die Gäste im „Hasenhaus" und im „Sommerhaus" einquartiert. Im 4. Eckhaus befand sich die Küche.

Das Schloss diente nie als Dauerwohnung, wurde nur für Veranstaltungen und die Jagd genutzt. Im 18. Jahrhundert verlor es seine Bestimmung als Jagdschloss ganz und wurde zum Behördensitz. Von 1790 bis 1848 diente es sogar als Gefängnis. Ob die Zellen im Torhaus, man erkennt deutlich die vergitterten Fenster, aus dieser Zeit stammen vermute ich einfach mal. Denn dieser Anbau ist leicht als Zellentrakt zu erkennen.

Um 1920 entstanden eine Jugendherberge im hinteren Schlossbau, vis a vis des heutigen Kutschmuseums. Sie befindet sich heute noch dort. Zur selben Zeit entstand ein Erzgebirgsmuseum.

Blick aus dem Fenster der Pension auf das Schloss Augustusburg
(mit freundlicher Erlaubnis der Pensionsinhaber)

Ab März 1933 bis Dezember 1935 befand sich ein KZ Außenlager des KZ Sachsenburg im alten Gebäude. Wo es sich genau befand, konnte ich nicht ausmachen. Am 24. Juni 1933 wurde die Augustusburg Sitz einer Gauführerschule für den NSDAP Gau Sachsen. Dort wurden politische Leiter, Redner, Mitglieder der NSDAP und aus anderen Organisationen, auch NS Frauenschaft. KdF u.a. geschult. Ein Organisationsbuch der NSDAP beschreibt es so: „Vermittlung nationalsozialistischer grundsätzlicher Stellungnahme zu den Gebieten der Innenpolitik, Außenpolitik, Rassen- und Vererbungslehre, Wirtschafts- und Sozialpolitik, Geschichte und Geopolitik"

Also kurz, man wurde dort politisch ideologisch geschult.

Blick zum Torhaus des Schlosses

Aus dieser Zeit lassen sich noch heute Spuren finden im sogenannten „Lindenhaus"
Auf den Treppen überkam mich ein beklommenes Gefühl und ich entdeckte Haken-
kreuze in Türzargen. (Aber diese bitte nicht einfach entfernen, sondern mit in die Er-
klärungen einbeziehen!)

Von September bis November 1938 wurde das Schloss zum Flüchtlingslager für ca.
9000 Sudetendeutsche, dann eine Zeit zur Entbindungsstation. Auch sollen einige Möbel aus der Reichskanzlei im Schlossgelände untergebracht worden sein. 1945 war die
Sprengung des Schlosses durch die Nazis geplant, konnte aber abgewendet werden!
(Warum? Was befand sich dort zu dieser Zeit das nicht Jedem in die Hände fallen
sollte?)

Im Jahr 1950 zog ein Heimatmuseum ein. 1961 eröffneten das Motorradmuseum und
das Kutschenmuseum.

196

Ich besuchte das Schlossareal im April 2024 und war einige Male hin und her gerissen. Die Ausstellung im „Hasenhaus" mit der Wandbemalung Darstellung einer verkehrten Welt, in der die Hasen die Herrschaft bilden, war schon sehr beeindruckend. Auch das Motorradmuseum und das Jagdtier und Vogelkundemuseum sollte man besucht haben. Für härtere Gemüter war da schon der Kerker mit seinen Folterinstrumenten und der Zeit der Hexenverfolgungen sehr informativ.

Zu gerne hätte ich das Kutschenmuseum besucht, aber leider war dies gerade wegen Sanierungsarbeiten bis 2025 geschlossen. Auch Gaststätten und Cafés waren nicht geöffnet, die Hauptsaison war noch nicht da. Was ich sehr schade fand.

Aber am Schlimmsten empfand ich, das man eine geplante Nutzung des Schlosses Augustusburg ab ca. 1987 gar nicht thematisierte. In einer Direktive des Ministeriums für Staatssicherheit, Stand 1988, bereitete man sich auf einen „Tag X" vor. Es sollten Menschen, die politisch auffällig waren bzw. bereits eine Akte beim MfS (OV-Opertiver Vorgang, oder OPK – Operative Personenkontrolle, o. a.) hatten dann in ein „Internierungslager" eingewiesen werden können. In dieser Direktive sprach man von einem Ernstfall, welcher aber nicht so genau beschrieben wurde. Ein solches Internierungslager war im Schloss Augustusburg geplant und bereits vorbereitet worden. Zur Wendezeit sollen sich bereits Einrichtungsgegenstände, wie Beton, Stacheldraht, einfache Betten u. a. schon dort befunden haben. Im vorhandenen Aktenmaterial sprach man sogar von „liquidieren/ausschalten von Personen", die sogenannte „Kz-Nummer" in der Stasiakte kann bei einigen Auskunft geben, ob man bereits in eine solche engere Auswahl gekommen ist. Und dieses Thema ist heute erneut verschwiegen!
…

Wenn man von diesen negativen Nutzungen einmal absieht, kann man sich über den Blick ins Tal sehr erfreuen. Eine hügelige Landschaft entspannt die Seele.

Die Burg Rabenstein

1336 wurde die Burg das erste Mal erwähnt. Sie thront auf einem 15 Meter hohen Schieferfelsen. 1375 wurde die Burg an das Benediktinerkloster Chemnitz verkauft. Die Herrschaft wurde an den Burggrafen Albrecht von Leisnig verpfändet, was zu einer langjährigen Fehde führte. 1396 bestätigte der Marggraf Wilhlm von Meißen den Verkauf der Burg und die Herrschaft ans Kloster.

Im Jahr 1418 kam es erneut zu Auseinandersetzungen um die Burg. 1480 brannte diese teilweise ab. Der Abt Caspar von Meckan ließ 1483 die Burg wieder errichten. Schon in dieser Zeit fehlten die Ringmauer und einige Gebäude. 1546 gelangte die Burgherrschaft an das Sächsiche Herrscherhaus, die Wettiner. Amtsgeschäfte wurden fortan von Chemnitz aus erledigt. Die Burg verfiel und blieb ungenutzt.

1619 kaufte er kurfürstliche Oberforstmeister Hans Georg von Carlowitz Burg und Vorwerk und beendete so den Verfall. Restaurirungsarbeiten dauerten bis 1620 an. 1624 bekam der Burgturm eine barocke Haube.

1774 musste die Familie von Carlowitz verkaufen. Es übernahm Johnn Georg Siegert aus Chemnitz. 1783 erbte Rahel Amalie, Tochter des J. G. Siegert, Burg und das Schloss nebenan. Ihr Mann Hofrat Karl Wolfgang Maximilian Freiherr von Welck, kaufte es von seiner Frau und ließ die Burg im alten Stil wieder aufbauen. Die damals noch vorhandene Unterburg wurde abgerissen. Nach dem Tod des Besitzers 1809 übernahm Georg Ludwig Frieherr von Welck das Anwesen.

1902 übernahm der Fabrikbesitzer Matthé Paul Herfurth Burg und Schloss und behielt beides bis 1945 in Besitz. In dieser Zeit wurde die Burg wieder einmal restauriert und war an Wochenenden und Feiertagen öffentlich zugänglich. Dennoch konnte man den Verfall nicht stoppen. 1942 musste die Burg aus Sicherheitsgründen für Besucher gesperrt werden.

1950 übernahm die Stadt Chemnitz die Burg und sanierte und restaurierte diese. 1959 wurde ein Museum eröffnet.

In den Jahren 1980 und in den 1990 er Jahren erfolgten erneut Restaurierungsmaßnahmen.

Bei meinem Besuch war die Burg leider geschlossen. Sie gilt als kleinste Burg, was ein Kunststück ist, da ja einige Gebäudeteile abgerissen worden sind.

Sie liegt sehr idyllisch. Ich setzte mich in ihrem Schatten auf eine Bank und genoss einfach die Ruhe und den Anblick des alten Gemäuers.

Blick zur Burg Rabenstein und dem Park von der Straße aus

Das Schloss Rabenstein (Oberrabenstein)

Im Jahr 1776 wurde das Schloss durch Johann Georg Siegert erbaut. Es war ein damaliges Rittergut mit Herrenhaus. Bestimmt war es für Siegerts Tochter Rahel Amalie, die mit dem Hofrat Karl Wolfgang Maximilian Freiherr von Welck verheiratet war. Er kaufte seiner Frau das Anwesen von Schloss und Burg ab. 1809 verstarb er und Georg Ludwig Freiherr von Welck übernahm beide Anwesen. 1838 wurde es verkauft an den Krämer William Eduard Kraft aus Leipzig, der es bis zu seinem Tode 1896 behielt. Es folgten einige Besitzer.

1900 gelangte das Gelände an den Kammerherrn von Ried, der es bereits 1902 an den Fabrikbesitzer Matthé Paul Herfurth verkaufte. Das Gut blieb bis 1945 in seinem Besitz.

1945 wurde Matthé Paul Herfurth enteignet. 1946 war das Schloss durch Russische Besatzer belegt. In dieser Zeit brannte ein Nebengebäude ab. Andere Wirtschaftsgebäude hatte man abgerissen, da man Baustoffe benötigte. Das Schloss wurde zum Altenheim. Nach einer ausführlichen Sanierung wurde das Schloss bald zu einem DDR Gästehaus.

2012 wurde es nach erneuter Sanierung und Ausbau als Hotel und Restaurant eröffnet.

Als ich dort war, war ich total begeistert. Ich bekam ein gemütliches Zimmer in der Belle Etage mit einem Blick auf den kleinen Garten vor dem Schloss. Es war eines der schönsten Anwesen, welche ich bislang besucht hatte. Im Erdgeschoss findet man neben stuckverzierten Räumen auch noch sehr eindrucksvollen Schmuck über den Türen. Im Obergeschoss ist eine barocke/Rokoko-Verzierung an den Wänden erhalten.

Auch wenn das Wetter nicht immer mitspielte, konnte ich dennoch nicht anders als zu fotografieren. Die Ruhe dort, macht das Gelände zu einem besonderen Ort. Freundliche Mitarbeiter des Hotels, die nicht überall selbstverständlich sind, unterstreichen den besonderen Flair vor Ort. Das Foyer ist mit seinen Balken und Holzvertäfelungen eher ein Mix aus diversen Zeiten. Aber man kann auch dort ältere Elemente erkennen.

Eine freundliche und alle Sinne anregende Energie lässt einem die Ruhe unter die Haut fahren. Einfach nur schön und es war mir eine Freude das ich dort sein durfte.

Blick auf Schloss Rabenstein

Bestimmt komme ich wieder einmal in diese Ruhe, den Stil der guten alten Zeit und zu freundlichen Menschen. Noch zu Hause zehre ich von den dortigen Eindrücken, einem ganz besonderen Gefühl.

Ich sitze auf der Jugendstiltreppe des Schlosses

Ich wandle um das Schloss

Vor dem wunderbaren Schloss

Das Schloss und der Park in Lichtenwalde

Bereits um 1230 entstand eine Burg der Markgrafen von Meißen. Sie wurde als Bollwerk errichtet und durch einen Kastellan verwaltet. Im 13. Jahrhundert wurde sie eine Zeit lang vom Reich verwaltet, fiel aber 1307 zurück an die Marggrafen. 1336 wurde sie an die Burggrafen von Meißen verpfändet und später belehnt. Einige Jahre später ging die Burganlage an die Familie von Honsberg. Bereits 1426 ging diese wieder an die Marggrafen zurück. Durch einen Tausch ging die Burg an andere Besitzer, diese verloren sie aber bald wieder.

1447 bis 1561 übernahm die Familie von Harras das Anwesen, dieses blieb auch einige Zeit in der Familie. 1550 ging die Burg an den Sohn Georg II. von Harras, dann an Eustachius von Harras. Dieser ließ die Burg zu einem Schloss umbauen. 1561 verstarb dieser ohne Erben, die Herrschaft fiel an Kursachsen und wurde zu einem landesherrlichen Amt. 1694 kaufte die Familie von Bünau das Schloss – im Tausch gegen Pillnitz bei Dresden.

1719 übernahm Jacob Heinrich Graf von Flemming den verschuldeten Besitz, verkaufte ihn aber bereits 1722 an Christoph Heinrich Graf von Watzdorf weiter. Zu dieser Zeit wurden Burgreste und das Schloss abgerissen und an der Stelle ein barockes Schloss erbaut. 1730 ließ der Sohn Friedrich Carl Graf von Watzdorf den wunderbaren Park anlegen. 1764 übernahm die Witwe, Henriette Sophia, geborene Gräfin Vitzthum von Eckstädt den Besitz. Die Familie Vitzthum von Eckstädt hielten den Besitz bis zur Enteignung 1945.

Ein Brand vernichtete 1905 Dach und Obergeschoss, hinterließ einen immensen Schaden. Bis 1908 wurde der Schaden behoben und mit einigen Neuerungen, wie Elektrizität ausgestattet.

Im Juli 1945 wurde das Schloss durch die Rote Armee beschlagnahmt. Es wurde geplündert. Die letzte Schlossherrin Sibylle Gräfin Vitzthum von Eckstädt wurde aus dem Anwesen gewiesen und fand eine Unterkunft bei Freunden im Dorf. 1946 zog das Militär ab, Möbel, Porzellan, Gemälde waren geplündert worden. Das Schloss wurde verstaatlicht, diente ab 1948 als Kurheim und danach als Tbc Heilstätte. 1972 entstand im Gebäude eine Bildungseinrichtung des Gesundheitswesens.

Blick zum Schloss über die Allee

1990 übernahm der Freistaat Sachsen das Schloss, innen war bis 1995 ein Bildungszentrum des Sächsischen Staatsministeriums für Soziales, dann zog das Bildungszentrum um nach Niederbobritzsch. Das Schloss stand nun leer. Der Freistaat Sachsen versuchte es zu verkaufen, was aber scheiterte.

1999 entschied der Finanzminister Georg Milbradt den Verbleib des Schlosses in staatlichem Besitz. Seit 1999 betreibt die Augustusburg/Scharfenstein/Lichtenwalde gGmbH das Anwesen, es entstand ein Museum. Eine Sanierung fand statt.

Heute kann man wechselnde Ausstellungen im Schloss besuchen, aber auch einige historische Räume wurden wieder hergerichtet. Eine Augenweide sind der Rote Salon und der Chinesische Salon.

Besonders schön ist der Schlosspark. Er ist gepflegt und lädt zum wandeln und ent-

Blick zum Schloss

spannen ein. Er hat einige Springbrunnen und Plastiken zu entdecken und auch einen wunderbaren Blick auf das Zschopautal.

Gleich an der Hauptallee, die genau auf das Schloss zuläuft, findet man Reste des einstigen Rittergutes. In den früheren Gebäuden sind heute Geschäfte und Wohnungen. Ein Blick auf den Hof lohnt sich!

Ich wurde bei meinem Besuch nicht enttäuscht. Im gesamten Park kann man seine Großstadt-geplagte Seele baumeln lassen, dort finden auch Veranstaltungen statt.

Das Schloss betritt man von der Hauptachse. Ein beidseitiger Treppenlauf bringt einen zu den Prachträumen und den Ausstellungen. Der Schlosshof ist geräumig, dort findet man das Teehaus, die einstige Kapelle und wenn es geöffnet ist, ein kleines Café oder Restaurant. Bei mir war es leider geschlossen.

Früheres Rittergut

Aber im Umfeld fand sich schnell ein anderes Restaurant und kleines Café. Ein beeindruckendes Ensemble mit Park, Rittergut, Schloss. Es gelingt schnell die heutige Zeit dort von sich abzustreifen.

Altes Taubenhaus des Rittergutes

Besuch im wunderbaren Park und Schloss Branitz

Das Schloss Branitz entstand etwa um 1770 für August Heinrich Graf von Pückler. Die Familie besaß seit einigen Jahren bereits das Dorf Branitz.

1785 zog die Familie auf ihren Stammsitz das Schloss Muskau, Branitz wurde verpachtet. Im selben Jahr wurde der später sehr bekannte Hermann von Pückler-Muskau dort geboren. Nach Ausbildung und langjährigen Aufenthalten im Ausland, hatte sich Hermann Graf von Pückler-Muskau einen Namen gemacht als Gestalter von Landschaftsgärten. 1817 heiratete er Lucie Reichsgräfin von Pappenheim, eine geborene Freiin von Hardenberg-Reventlow. Auch wenn dies mehr aus wirtschaftlichen Gründen geschehen war, so waren sie beide dennoch ein Leben lang eng miteinander verbunden.

1822 wurde er in den Fürstenstand erhoben. Im Jahr 1826 gab es eine formelle Scheidung, da er sich eine reiche Neuverheiratung erhoffte. Welche nie zustande kam.

Etwa um 1845 musste der Fürst das Schloss und das Anwesen Muskau verkaufen, man zog nun nach Branitz um, gemeinsam mit seiner geschiedenen Frau Lucie. Das Anwesen gehörte seiner Familie, er hatte es geerbt. Dort begann er sein Meisterstück und legte einen einzigartigen Landschaftspark an. Zu Beginn soll es nur wenige alte Bäume dort gegeben haben. Er setzte auch große alte Bäume um und schuf somit einen Park, dem man seine künstliche Entstehung nicht im Geringsten ansieht.

Am 4. Februar 1891 verstarb der Fürst und wurde in der Seepyramide in seinem Park beigesetzt. Nach dem Tod seiner geschiedenen Frau Lucie kam diese zuerst auf den Friedhof in Branitz, wurde dann aber später in die Pyramide zu ihm umgebettet. Der Stiefcousin, Heinrich Graf von Pückler, erbte das Schloss mit dem Park.

Nach dem 2. Weltkrieg wurden die Fürsten von Pückler enteignet und das Anwesen geriet in Volkseigentum. Kurze Zeit bezog ein Stab der Roten Armee das Schloss, Teile des Parks wurden unter Bauern aufgeteilt. In die Parkschmiede und den Marstall zogen Umsiedler und Neubauern. Den Krieg hatte die Anlage nahezu unbeschädigt überstanden, wurde danach aber alles andere als sorgsam behandelt. Das Schloss wurde geplündert und entkam nur mit sehr viel Glück dem Abrissbefehl der sowjetischen Militäradministration. Erste Restaurierungsmaßnahmen folgten.

Ich stehe vor dem Schloss Branitz

1946 wurde das Schloss zum Museum, es zog das Cottbuser Stadtmuseum ein und verblieb dort bis 1961. Dem folgte das Bezirksmuseum von Cottbus bis ins Jahr 1990.

Ab 2013 wurden die historischen Salons im Schloss restauriert und erstrahlen seitdem wieder in einem herrschaftlichen Glanz. Es zog die Orientausstellung, mit Exponaten aus der Reisezeit des Fürsten mit ein.

Seit 1995 gehören das Schloss und der Park der Stiftung Fürst- Pückler-Museum Park und Schloss Branitz. Es wird eine Aufnahme ins UNESCO Weltkulturerbe angestrebt.

Der Park ist mit diversen Highlights ausgestattet. In der 2. Hälfte des 18. Jahrhunderts entstanden unweit vom Schloss der Marstall und das Kavalierhaus. Im Marstall waren die edlen Pferde des Fürsten untergebracht, das Kavalierhaus entstand wohl schon vor dem heutigen Bau des Schlosses und beherbergte den damaligen Hofstaat.

Heute ist der Park einfach eine wunderbare Oase, das Schloss wurde umfassend saniert und die historische Raumausstattung der Zeit Pücklers wieder hergestellt.

Lange plante ich einen Besuch dort und als ich im Juni 2024 Bad Muskau besuchen wollte, plante ich auch einen Abstecher nach Branitz mit ein. Nach meinem Aufenthalt in Bad Muskau und einer wunderbaren Kutschfahrt durch das Umfeld, scheute ich auch die Strapazen mit den öffentlichen Verkehrsmitteln nicht. Ich bestieg mit meiner etwas unbequemen Reisetasche den Bus der sogenannten Pückler-Linie und kam gespannt an der Haltestelle „Schloss" an. Dort traue ich meinen Augen nicht! Polizeikräfte hatten das gesamte Gelände abgesperrt und man wollte mich erst gar nicht passieren lassen. … Ich stand da und verstand die Welt nicht mehr. Meine Buchung lag etwas zurück, aber ich hatte auch keine Info zu Änderungen erhalten. Von freundlichen Sicherheitskräften eskortiert, gelangte ich zum Kavalierhaus und erfuhr, das der Bundespräsident im Schloss wäre. Mit reinem Gewissen ließ ich mich nicht abwimmeln, so gelangte ich dann etwas „genervt" zu meinem gebuchten Quartier.

Nun zog ich mich rasch um in meine historische Kleidung und wurde endlich etwas ruhiger. Als ich durch den Park „lustwandelte" war meine Welt wieder in Ordnung. Leider waren nun aber alle Gaststätten geschlossen, aber auch da fanden wir eine gute Lösung!

Der Bau des Kavalierhauses im Tudor Stil ist bereits eine Augenweide. Ich folgten den Wegen durch den gepflegten Park, auch um das Schloss herum, und fühlte mich endlich wohl. Schade nur, dass ich diesen Tag nicht ins Schloss hinein kam. (Ich gehe ungerne in ziviler Kleidung in Schlösser) Der Weg führte mich genau zu den bekannten Pyramiden des Parks, in denen Fürst Pückler und seine Frau Lucie begraben liegen. Wer kennt sie nicht von Bildern?

Auf dem Rückweg kam ich an der einstigen Orangerie vorbei und entdeckte die Gondelstation davor. Das wäre nun noch der Höhepunkt gewesen, aber leider war auch diese Station heute geschlossen! Sehr schade!

Am nächsten Tag, nach dem Frühstück, plante ich noch einen Besuch des Schlosses ein. Ich bin sehr froh, das ich mich nicht davon abbringen ließ.Ich habe schon so einige Anwesen und Schlösser besucht, aber Schloss Branitz ist eines der schönsten!

Über eine etwas unscheinbare Tür gelangt man vom Kassenbereich in die Ahnengalerie. Ein Raum, der trotz hölzener Ausstattung nicht „hölzern" auf mich wirkte. Eng sind die Gemälde der Ahnen gehängt, man betrachtet sie mit Wohlwollen, schreitet an freundlichen Damen und Herren der Zeit vorbei und ist plötzlich inmitten des Geschehens, in einer anderen Zeit.

Der Musiksaal animierte mich die Akustik mit Singen zu testen, aber ich verkniff es mir in letzter Minute. (Welch eine Ehre wäre es für mich als Sängerin, hier singen zu dürfen!) Die luxeriöse, aber gemütliche Ausstattung ließ mich wie ein Kind staunen. … Ich war plötzlich ein Teil dieser Zeit und fühlte mich heimisch.

Beim Wandeln am Kavalierhaus

Das Obergeschoss erreicht man über eine eher unscheinbare Treppe. Hier gab es keine Prunktreppe zum Repräsentieren, dennoch war ich sofort angetan und fühlte eine Geborgenheit. Ich besah mir die Orienträume, das Billardzimmer und die kleine Saalstube der Fürstin Lucie.

Hier fühlte man fast noch die Gegenwart der Fürstin, die in ihren Gemächern auf einem bequemen Sessel sitzend in den Park hinab blickte.

Eine gute Energie legte sich auf mich und entspannte mich. Mit einem Lächeln auf den Lippen verließ ich das Schloss. Gerne komme ich einmal wieder.

Die Schritte wurden mir leicht, ich holte meine Reisetasche aus dem Kavalierhaus und folgte dem Weg zur Bushaltestelle. Bevor ich den Bus bestieg, sandte ich noch ein leises „Dankeschön" an das Fürstenpaar. Es ist ein magischer Ort, an dem sich noch Reste alter Energien erhalten haben.

Auch ein Dankeschön an die Stiftung, die mir die Verwendung von Fotos genehmigte an dieser Stelle!

Das nächste Mal möchte ich gerne eine Kutschfahrt und eine Gondelfahrt dort erleben, das nehme ich mir ganz fest vor!

Besuchen Sie diesen Ort! (Mehr kann ich dazu nicht sagen!)

Quellen:

wikipedia_Königshaus (Leipzig)
Infotafel an Alter Börse in Leipzig
wikipedia_Kaufhaus Ebert(Leipzig)
„Leipzig an einem Tag" Ein Stadtrundgang
wikipedia_Romanushaus (Leipzig)
www.Romanushaus.com
www.wikipedia_Gohliser Schlösschen
Edition Leipzig „Das Gohliser Schlösschen zu Leipzig"
wikipedia_Villa Adlon
wikipedia_Louis Adlon (Hotelier)
www.Tagesspiegel.de/adlon-schicksalsvilla
Infoblatt Gästehaus am Lehnitzsee
wikipedia:Schwartzsche Villa
Stadtwiki Dresden – Fürstenbergsches Haus
wikipedia_Fürstenbergsches Haus
wikipedia_Palais Brühl (Auguststrasse)
wikipedia_Sächsisches Ständehaus
wikipedia_Sekundogenitur (Dresden)
wikipedia_British Hotel (Dresden)
Infotafel am Haus
wikipedia_Wolf Dietrich von Beichlingen
wikipedia_Palais Flemming-Sulkowski
wikipedia _ Landhaus (Dresden)
Infotafel im Gebäude des Landhauses
wikipedia _Der Herzogin Garten
wikipedia_Palais Brühl-Marcolini
„Neptunbrunnen Dresden" Infotafel am Brunnen
Infotafel mit hist. Daten im Palais/Krankenhaus Dresden
event@villa-arnim.de
Internet: Geschichte – Das Steuercontrollhaus vom Cafe Repin
Infotafeln hinter Triumphtor in Potsdam
wikipedia_Winzerberg
Info am Hotel Am Jägertor
Info auf Hotelseite
Info auf Seite des Naturkundemuseums
Infotafel am Hofgärtnerhaus „früher-gestern-heute"
Infotafel im Garten des Hofgärtnerhauses
potsdam Wiki „Löwenvilla"
Loewenvilla-Potsdam.de Infos auf der Seite
www.potsdam-wiki.de/Villa_Francke
wikipedia_Villa Garbáty
www.denkmalliste-Pankow
wikipedia_Schloss Schönhausen
Reinbeker Geschichten „Gut und Kornbrennerei Schönau"
wikipedia_Herbert von Bismarck
Infoblatt „Gut Basthorst – Willkommen auf dem Gut" des Gutes
wikipedia_Gut Basthorst
Infoseite des Gutes „Das Gut damals"
wikipedia_Trittauer Schloss
wikipedia_Trittau

wikipedia_Schloss Reinbek
www.schloss-reinbek.de
Infotafel am Schloss Reinbek
wikipedia_Bramstedter Schloss
wikipedia_Schloss Bergedorf
Burgen und Schlösser „Wasserschloss Bergedorf – Die Raubitterburg an der Bille ..“
von Christoph Janß
„Schloss Ahrensburg – Ein Kleinod in Schleswig Holstein mit über 400 jähriger
Geschichte „ Herausgeber Schloss Ahrensburg
wikipedia_Schloss Ahrensburg
Infotafel am Schloss Borstel „Der Borsteler Spaziergang“
Infotafel am Schloss Borstel „Die Geschichte des Gutes Borstel“
wikipedia_Herrenhaus Borstel
wikipedia_Herrenhaus Grabau
Hamburger Abendblatt 24.11.2010 „Das Geheimnis vom Grabauer Herrenhaus“
www.Grabau-Sormann.de/grabau/material/schloss. Pdf
www.burg-neustadt-glewe.de
Infotafel an der Burganlage
wikipedia_Alte Burg Neustadt-Glewe
Infotafel im Schloss Neustadt Glewe
wikipedia_Neues Schloss Neustadt-Glewe
wikipedia_Niederländisches Palais
Gedenktafel am ehem Haus Unter den Linden 11
Ernst A. Busche „Bellevue – vom königl. Lustschloss zum Amtssitz des Bundespräsidenten“
Rudolf G. Scharmann „Schloss Charlottenburg – Königliches Preußen in Berlin“
Infoflyer „Irrgarten Altjessnitz im barocken Gutspark“
wikipedia_Altjessnitz
wikipedia_Schloss Altjessnitz
wikipedia_Residenzschloss Dessau
Flyer „Schauplatz vernünftiger Menschen“ des Museums im Johannbau“
„Das Dessauer Residenzschloss – Daten zur Geschichte“ Museum für Stadtgeschichte
Infotafel Denkmalpfad Wörlitz – Nr. 48/48 a Gutshaus
Infotafel Denkmalpfad Wörlitz – Nr. 98 Gelbes Haus
www.Gartenreich.de (Das Gelbe Haus)
www.wikipedia_Georgium
wikipedia_Palais Minckwitz
wikipedia_Am Sandwerder
Infotafel vor Ort „Borussia Monument“
Internet „Die Geschichte der Villa Wild“ durch die Egentümerinnen
Königliche Schlösser und Gärten in Berlin „Pfaueninsel“ Broschüre Kunstverlag
Denkmalschutzliste Gotha
Infotafel am Haus Schlossberg 10 Gotha
Infotafel am Haus Hauptmarkt 34 Gotha
Infotafel am Haus Hauptmarkt 17 Gotha
wikipedia_Futterstr (Erfurt)
wikipedia _Erfurter Fürstenkongress
wikipedia_Angermuseum
wikipedia_Weimarer Stadtschloss
wikipedia_Fürstenhaus Weimar
wikipedia_Rotes Schloss (Weimar)
wikipedia_Gelbes Schloss (Weimar)
wikipedia_Deutschritterhaus (Weimar)

wikipedia_Herzogin-Anna-Amalia-Bibliothek
wikipedia_Albert-Schwetzer-Gedenkstätte (Weimar)
Infoblatt „Albertt-Schwetzer-Gedenk – und Begegnungsstätte"
Broschüre „Goethes Wohnhaus" der Klassik Stiftung Weimar
wikipedia_ Goethes Wohnhaus
wikipedia_ Goethes Gartenhaus
wikipedia_Schillerhaus Weimar
wikipedia_Haus der Frau von Stein
wikipedia_Wittumspalais (Weimar)
Infotafel am Schloss Kromsdorf
wikipedia_Schloss Kromsdorf
wikipedia_Schloss Tiefurt
Flyer „Rundgang – Schloss und Park Tiefurt" der Klassik Stiftung Weimar
wikipedia_Schloss und Park Ettersburg
Hotelflyer „Willkommen auf Schloss Ettersburg"
Broschüre „Geschichte und Gegenwart" des Bildungswrks BAU Hessen-Thüringen
Infotafeln auf dem Gelände
kleine Ausstellung zur Geschichte im heutigen Hotel
wikipedia_Villa Eschebach
Historie der Villa Eschebach auf der Seite der Volksbank Dresden-Bautzen eG
Infotafel am Marktschlösschen Halle
wikipedia_Marktschlösschen
wikipedia_Beatles-Museum Halle
wikipedia_Constantia von Cosel
wikipedia_Dreilinden
www.grossenhain.de/zabeltitz.html
wikipedia_Zabeltitz
Infotafeln im Park Zabeltitz
Infotafeln im „Palais" Zabeltitz
wikipedia_Schloss Babelsberg
SPSG „Das Marmorpalais im Neuen Garten"
wikipedia_Cecilienhof
„Kronprinzessin Cecilie" von Iselin Gundermann Edition Rieger
SPSG „Schloss Cecilienhof"
„Schloss Cecielienhof und die „Großen Drei" von Volker Althoff
www.immoblien-aktuell-magazin.de
www.pohl-projects.de
wikipedia_Grumbtsche Villa
www.pieschen-aktuell.de
wikipedia_Madaus
„Dresden, Bautzner Straße – Von der politischen Haftanstalt zum Ort der Friedlichen Revolution"
Orte der Geschichte Chr. Links Verlag, Uljana Sieber
wikipedia_Chemnitz-Schloßchemnitz
„Schloss Chemnitz" 2012 von Schlossherrin
Infotafeln auf dem Schlossberg
www.Chemnitz-online.de
„Chemnitz an einem Tag" Ein Stadtrundgang von Lehmstedt
SPSG „Schloss Sanssouci"
wikipedia_Chinesisches Haus (Potsdam)
wikipedia_Gotische Bibliothek
wikipedia_Palais Lichtenau
wikipedia_Wilhelmine von Lichtenau

wikipedia_Schloss Friedrichsfelde
wikipedia_Wasserschloss Klaffenbach
„Wasserschloss Klaffenbach" von Thomas Schuler DKV Kunstführer 573/9
„Wasserschloss Klaffenbach" Broschüre vom C3 – Chemnitzer Verstalter
wikipedia_Jagdschloss Augustusburg
wikipedia_Gauführerschule
DKV Kunstführer 533/9 „Schloss Augustusburg"
„Schloss Augustusburg – Jagdschloss des Kurfürsten August von Sachsen"
„Chemnitz – Schloss Rabenstein von Schlossherrin 2012
wikipedia_Burg Rabenstein (Chemnitz)
wikipedia_Schloss Lichtenwalde
Flyer „Schloss und park Lichtenwalde"
Infotafeln im Gelände Lichtenwwalde
"Fürst Pücker und Branitz" von der Stiftung Fürst-Pücker-Museum Park und Schloss Branitz
wikipedia_Schloss Branitz